En ung kvinnas förvandling med
regressionsterapi

När den
djupa smärtan läker

Dr. Peter Mack

FÖRORD AV ANDY TOMLINSON

from the
heart press

Publikation av From the Heart Press:
Första utgåva september 2011
Svensk översättning januari 2013
Webadress: www.fromtheheartpress.com

Textcopyright: Peter Mack
ISBN: 978-0-9567887-2-6

Översättning: Rebecca Schweder

Alla rättigheter reserverade. Med undantag för korta citat i kritiska artiklar eller recensioner, får ingen del av denna bok reproduceras på något sätt utan ett i förväg skrivet tillstånd av utgivaren.

Peter Macks författarrättigheter hävdas i enlighet med Copyright, Design- och Patentakten från 1988.

En CIP katalog till denna bok kan erhållas från the British Library.

Design: Ashleigh Hanson, Email: hansonashleigh@hotmail.com

För att kontakta Peter Mack email: dr02162h@yahoo.com.sg.

Innehåll

Förord
Introduktion — 1
Kapitel ett: Kris — 7
Kapitel två: Fast — 19
Kapitel tre: Fångad — 27
Kapitel fyra: Förändringen tar sin början — 35
Kapitel fem: Förträngda minnen — 43
Kapitel sex: Rösten inifrån — 53
Kapitel sju: Förtvivlans djup — 65
Kapitel åtta: Tomhet — 79
Kapitel nio: Hjälplöshet och rädsla — 89
Kapitel tio: Kampen för att minnas — 103
Kapitel elva: Utmaningen — 119
Kapitel tolv: Genombrottet — 139
Kapitel tretton: En oavslutad affär — 153
Kapitel fjorton: Nyckeln — 169
Kapitel femton: Transformationen — 181
Epilog — 191
Appendix — 193
Ordlista — 195
Vidare läsning — 203
Regressionsterapi, sammanslutningar — 207
Om författaren — 209

Friskrivning

Avsikten med denna bok är inte att skapa sensation omkring hypnos och regressionsterapi eller att få dem att framstå som mirakelkurer. Författaren anser att hypnoterapi och regressionsterapi är komplementära behandlingar, och att de inte ersätter konventionell medicin. Varje patients situation är unik och kräver individuell undersökning. Likaledes rekommenderas de som arbetar som vårdgivare och hjälper patienter med traumatiska erfarenheter att konsultera medicinskt utbildade personer om, och när, medicinsk undersökning krävs.

Tack

I alla tider har människan lärt av sina erfarenheter. Alla lär vi oss värdefulla läxor av andra, som delger oss sina erfarenheter och knyter samman dem med våra egna. Med detta i åtanke är jag oerhört tacksam gentemot min patient, Petrina (pseudonym), för hennes mod och beredvillighet att dela med sig av sin läkande upplevelse till läsarna. Hennes önskan är att hennes transformerande resa ska vara en källa till inspiration för andra patienter i liknande situationer.

Alla karaktärer i denna bok har fått pseudonymer. Dessutom har jag ändrat eller modifierat deras personlighetsdrag för att skydda deras identitet. Jag vill tacka följande personer som hjälpt till att se till att denna bok blivit verklighet:

- Syster Susan Loh och Syster Tan Siok Bee för att de gav stöd och uppmuntran.
- Hela vårdteamet på G Clinic för att de samarbetade och möjliggjorde att terapin kunde utföras i öppenvården.
- Dr. Vikram Jaisinghani och Dr. Darren Koh för att de läste ett tidigt utkast till boken och gav konstruktiva förslag till förbättringar.
- Dr. Ng Han Seong, ordförande i medicinalstyrelsen, och Ms. Tan-Huang Shuo Mei, kommunikationsdirektör, som gav mig tillåtelse att använda namnet Singapore General Hospital i bakgrundskontexten för historien.
- Dr. Ong Biauw Chi och Ms. Serene Wong som gav etiska riktlinjer från Singapore Medical Councils regelperspektiv.
- Ms. Elizabeth Choo Mei Yue från SingHealth Legal Office som gav juridisk rådgivning.

Förord

Jag träffade Peter för första gången 2009 när han deltog som student i en regressionsterapiutbildning som jag gav i Singapore. Jag anade inte den gången att denne högt respekterade medicinske yrkesman skulle bli en så framstående regressionsterapeut och kollega, och introducera regressionsterapi i Singapores medicinska värld. Senare skulle han komma att samarbeta med mig i en av mina böcker, *Transforming the Eternal Soul,* med att skriva ett avsnitt om att använda regressionsterapi i medicinsk utövning. Att nu kommentera hans bok är mig ett sant nöje.

Regressions- och hypnoterapi har använts inom alla sorters psykoterapi genom åren - antingen direkt eller indirekt. Bara genom att be klienten fokusera inåt hamnar han i hypnotisk trance. Om en klient blir tillfrågad vad som hände första gången han upplevde problemet, gör han en regression. Att hantera katharsis, frusna kroppsminnen orsakade av ett djupt trauma, transformation och att integrera erfarenheten i klientens nuvarande liv kräver stor skicklighet. Hypnos har accepterats som ett kraftfullt verktyg i många länder – så tidigt som 1955 accepterades det av British Medical Association som ett värdefullt läkande verktyg, och 1958 av American Medical Association. Regressionsterapin, som inbegriper hypnos och regressionstekniker från andra former av psykoterapi, har inte haft lika lätt att få acceptans i den medicinska världen. Kanske beror detta på att regressionsterapeuter, som respekterar sina klienters inre erfarenheter, arbetar med vad som förefaller vara tidigare liv eller andliga möten. Olika kulturer eller rädsla för att arbeta utanför de traditionella gränserna kan ha bidragit till det långsamma framåtskridandet. Men när medicinskt yrkesverksamma upplever ett snabbt tillfrisknande själva eller hos sina patienter, förändras synen på regressionsterapin.

För att kunna upprätthålla en hög standard har jag grundat en sammanslutning för mina utexaminerade studenter som kallas *Spiritual Regression Therapy Association*, och genom att samarbeta med andra ledande skolor för regressionsterapi har en internationell standard etablerats genom en organisation som heter *European Association of Regression Therapy*. Den kom omedelbart att expandera över hela världen. Eftersom jag var en av grundarna fick jag möjlighet att bidra genom att vara med i den arbetsgrupp som handhade godkännandet av nya skolor. Medlemmarna i dessa sammanslutningar har olika bakgrund, inklusive psykoterapeuter och ett ökande antal psykologer, psykiatrer och läkare. Alla delar uppfattningen att regressionsterapi är en kraftfull metod för helande. I Skandinavien startade utbildningar för regressionsterapeuter i Norge 2006 och i Sverige 2008 och de certifierade terapeuterna finns på webbsidan *www.spiritual-regression-therapy-association.com*.

Denna bok är en fängslande berättelse om en av Peters patienter. Hon var allvarligt traumatiserad av emotionellt förlamande händelser som hade gjort henne självmordsbenägen och fylld av en övergivenhetskänsla. Traditionell vård kunde inte hjälpa henne, så detta är den gripande historien om Peters engagemang för att hjälpa henne genom hypnos och regressionsterapi. Peter delar med sig av sin oro, sina insikter och sin glädje allt eftersom klienten leds framåt på sin helande resa till fullkomligt tillfrisknande. Den är ett bevis på den enastående envishet Peter uppvisade medan han samtidigt arbetade heltid som läkare på ett sjukhus. För läsaren är det en känslomässig berg- och dalbana, och dessutom en fantastisk berättelse.

Andy Tomlinson
Direktör för utbildningen – Past Life Regression Academy
Juli, 2011

Introduktion

Välkommen mörker, gamle vän,
Dags att vi talar med varandra, igen.
– Paul Simon

Att hjälpa en nödställd skänker glädje. Insikten att den person du hjälpte nu kan hjälpa andra är en ännu större glädje. Detta är, sammanfattningsvis, motivet bakom bokens tillblivelse.

För några årtionden sedan var det ingen större distinktion mellan begreppet "helande", som tillhörde den mjukare domänen av känslor och andlighet, och "behandling", som syftade till den medicinska expertisens mer tekniska och kontrollerade domän. Men då de medicinska framgångarna kom att luta alltmer mot vetenskap och teknologi blev situationen annorlunda. Jag växte upp i en vetenskaplig miljö och hade rika möjligheter i min karriär att tillämpa medicinsk vetenskap för att korrigera mänskliga sjukdomar. Efter min examen drogs jag till kirurgin eftersom denna specialisering skulle ge mig särskilda kunskaper i att korrigera patologisk anatomi. I många år var det den medicinska vetenskapen som tilldrog mig sitt intresse. Men efter tre decennier av medicinsk praktik blickade jag bakåt för att åter undersöka sjukdomsorsakernas paradigm, och jag kände att något fattades. Varje gång jag öga mot öga mötte en patient med medicinskt oförklarliga symptom, blev bristerna i vår kunskap alltmer uppenbar.

Tillvägagångssättet vid oförklarliga symptom i konventionell medicin har oftast varit att dölja det diagnostiska problemet under en terminologisk förklädnad. Vi brukar använda etiketter som "syndrom", "idiopatisk" eller "funktionell sjukdom" fritt i sådana omständigheter. Å andra sidan diskuteras inte om sådana etiketter bidrar till ny kunskap eller tillför något som kan hjälpa patienten. Det konventionella medicinska paradigmet lär oss att alla sjukdomar kan hänföras till en av flera fysiska processer såsom inflammatorisk, genetisk, vaskulär, degenerativ, hormonell, smittsam, neoplastisk eller immunologisk. I motsats anses emotionell stress vara främmande i den listan. I bästa fall relegeras den till kategorin "framkallare", men inte som en etiologisk faktor. Det beror på att den moderna medicinens syn på läkande i stort är biologisk. Få, om ens några, utövare är beredda att utforska möjligheten av att styra tankar, emotioner och känslor för att påverka den fysiska hälsan.

För att emotioner och tankar ska kunna påverka läkning, krävs det tillgång till det omedvetna. Milton Erickson, den moderna hypnoterapins fader, sa en gång att det mesta i en persons liv bestäms av det omedvetna. Och ändå är det omedvetna inte nödvändigtvis oföränderligt. Målet för dynamisk psykoterapi är faktiskt att göra patientens omedvetna mera medvetet. Vi vet att det positiva värdet av psykoterapi baseras på individens förmåga att förändra sig. Mindre uppmärksammat är dock det faktum att denna förändring uppnås mest effektivt i ett trancetillstånd när patienten fokuserar på sina omedvetna beteendemönster, sina värderingar och referensramar.

Att hela någon är att göra den individen frisk, hel och sund. Fastän min medicinska karriär har kretsat kring kirurgi, har jag genom åren börjat studera hypnoterapi. Mitt personliga intresse av det omedvetna har fått mig att undersöka läkandets mekanismer via en annan domän.

Den hypnotiska processen medger direkt tillgång till patientens omedvetna. Det har uppmärksammats att i många situationer där konventionell medicin inte har erbjudit någon lösning, så har patienter lyckats läka sig själva genom att hämta kraft ur sina erfarenheter i trance. Trance är det sinnestillstånd i vilket hypnos utförs. Det är det förändrade medvetandetillstånd i vilket snabb inlärning och förändring är mest trolig. Jag använder termen synonymt med hypnotiskt tillstånd i denna bok. Förmågan att gå ner i trance är en värdefull tillgång i läkning. I trancetillståndet kan vi använda kraften hos det omedvetna för att hämta bortträngda minnen, skapa förändring och konstruera nya beteendemönster som återger oss vår hälsa och låter oss bli hela igen.

Hypnos har en enorm potential att underlätta många olika läkandestrategier. Dess huvudsakliga verkan som terapeutisk modalitet beror i stort sett på dess förmåga att stimulera engagemang och motivation hos patienten. Det hypnotiska tillståndet i sig kan inducera avslappning och minska stress, men utöver det kan det hjälpa till att snabba på verkan av psykoterapi.

Denna bok är baserad på den sanna historien om en ung patient vars emotionella trauma och psykiska lidande behandlades med regressionsterapi i sjukhusmiljö. Den traditionella medicinska modellen lär oss att patienter som är olyckliga, vanmäktiga och utan hopp står vid slutpunkten av den mentala sjukdomsprocessen och kräver farmaceutisk behandling. Men, med mina studier i hypnos har jag lärt mig att betrakta depression annorlunda. Jag föredrar att se på den som en gryende medvetenhetsprocess. I det perspektivet kan drabbade patienter dra nytta av att integrera psyke och soma genom hypnos. Dessutom kan symptomen användas som möjligheter snarare än hinder i den läkande processen. Att ersätta negativa erfarenheter med beteendemönster som kan gynna patientens humör, attityd och beteende är målet i den formen av terapi.

Hypnoterapi innefattar ett stort antal olika metoder och tekniker som delar en gemensam idé. Den idén är att individer ofta har förmågor som de inte är medvetna om. Regression är en specialiserad teknik som med fördel kan appliceras på patienter med pågående emotionella svårigheter skapade av tidigare, negativa erfarenheter. Jag har i stor omfattning använt regressionsterapi med patienten i denna bok, och det positiva resultatet och den därpå följande transformationen utgör merparten av innehållet i denna bok.

Många lärdomar har kommit ur denna patients omvandlande resa. För det första kräver framgångsrik terapi noggrann övervakning av, och ofta är det detsamma som noggrann personlig övervakning av, patienten. För det andra kan en depressiv sinnesstämning vara väldigt begränsande. Känslan av sorg trycker ner sinnet, tynger kroppen och förmörkar själen. En deprimerad patient kan vara rädd för känslan av tomhet, eftersom den påminner dem om ensamhet. När de upplever livskriser och emotionella trauman, behöver de förstå att tillfrisknandet påskyndas av deras eget aktiva och kreativa engagemang. För det tredje så är ett effektivt sätt att lyfta en depressiv sinnesstämning att använda uttryckande terapi, antingen i skriven eller tecknad form. Uttryckande terapi låter patienter aktivera och mobilisera sina egna resurser och underlättar det kreativa skapandet som lockar fram det centrala i den helande processen.

För det fjärde har jag förstått att det finns en tidpunkt för terapeuten att berätta för patienten om sina funderingar, och en annan tidpunkt för att erbjuda hjälp. Att få tillgång till en emotionellt traumatiserad patients sjukdomsberättelse kräver mer tålamod och tid än någon annan patientkategori. I processen att belysa livskrisen under en regression är en av de viktigaste delarna av terapin att ingjuta hopp. Man måste tala mer när patienten är "på banan," och vara tyst när han eller hon är upprörd. Att skriva ner sina observationer av olika respons och att analysera dem regelbundet är fundamentalt i dynamisk terapi. I korthet, lärande och helande är oskiljaktiga i terapiprocessen.

För det femte, förlåtelse kortsluter sorgen, skapar inre frid och återbördar fysisk hälsa. Förlåtelse kräver att man släpper taget och är en kraftfull bas som neutraliserar syran hos ilska, hat och bitterhet. Dess kraft är latent och verkar under en kris när vi finner oanad styrka inombords. Ibland kan en spontan transformation ta plats inom oss. På många sätt är förlåtelsen nyckeln till den läkning som finns inombords.

Till sist; när vi lär oss att ge terapi bör vi värdera de mörka stunderna lika mycket som perioderna av klarhet. Vi använder patienternas svårigheter för att växa istället för att utlova att de helt försvinner. I mörka stunder kan den kreativitet som uppkommer i förvirring vara förutsättningen för att få klarhet över lösningen till ett problem.

Denna bok har skrivits med tre sorters läsare i åtanke: först terapeuten som kanske finner att historien stämmer med sina egna medicinska erfarenheter, för det andra vårdgivaren som är angelägen att förstå hur alternativa terapier möjligen kan komplettera modern medicin, och för det tredje, patienten, som förtvivlat söker efter alternativa behandlingsalternativ när farmaceutisk behandling har visat sig inadekvat i hans eller hennes fall.

Kapitel Ett

Kris

Akten av medkänsla börjar med total uppmärksamhet, precis som samförstånd. Du måste verkligen se personen. Om du ser personen, uppstår empatin naturligt. Om du känner in personen, känner du med den. Om empati uppstår och om den personen är i kris, då uppstår den empatiska omsorgen. Du vill hjälpa, och det är början på akten av medkänsla.

– Daniel Goleman

Telefonen ringde. Det var förmiddag onsdagen den 24 november 2010, och jag var på öppenvårdens specialistavdelning och tog emot morgonens patienter.

Jag tog telefonen och hörde Beatrices, sjuksköterskans, röst i andra änden.

"God morgon, Dr. Mack," började hon, med sitt vanliga, flegmatiska tonfall. "Vi har en patient på neurologen som behöver din hjälp."

Beatrice själv var sjuksköterska med speciell utbildning inom neurologi. Hon var en dynamisk och visionär sköterska, och hade varit mycket upptagen den senaste tiden eftersom hon var i slutskedet av sina akademiska studier. Det föll sig så att hon och jag delade intresset för hypnoterapi de senaste två åren. Men på grund av sitt engagemang i studierna, hade hon på sista tiden bett mig om hjälp med några av sina patienter. Så telefonsamtalet kom inte som någon överraskning.

"Hon råkar faktiskt tillhöra personalen på ögonkliniken," började hon. "Hon svimmade på arbetet och har väldigt djupa emotionella problem som härrör från hennes relations- och karriärsvårigheter. Hon var en av de bästa på sitt arbete, men nu har hon problem med sin närmaste chef. Hon är så emotionellt försvagad att jag tror att vi måste hjälpa henne. Avdelningsläkarna har gjort morgonronden och skriver ut henne idag. Jag tror att hon behöver en månads sjukskrivning så att hon kan vila upp sig hemma och få behandling under tiden. Jag föreslog det för avdelningläkaren, och har också talat om för patienten att hon måste träffa dig snart efter utskrivningen. Hur kan jag ordna det?"

Detta var Beatrices vanliga sätt att kommunicera. Hon har ett sätt att övertala människor att göra saker för att sedan fortsätta in i okänd terräng. Som det medicinska problemet beskrevs över telefonen lät det inte alls som den typ av patient som Beatrice normalt skulle hänvisa till mig för hypnoterapi. Det fanns en överton av bekymmer i hennes röst och en omisskännlig känsla av oro för patientens välmåga. Det var inte förvånande. På senaste tiden hade Beatrice fått rykte om sig att vara "fröken-ordnar-allt" för alla sociala och emotionella problem på neurologiska kliniken.

Jag har aldrig sagt nej till en förfrågan från Beatrice. Eftersom jag fortfarande var upptagen med förmiddagens patienter, bad jag henne ge patienten mitt mobilnummer och sa att jag skulle besöka henne på avdelningen senare under dagen.

Under förmiddagen, efter att jag hade avslutat min sista konsultation, började jag gå mot sjukhusets slutenvårdsavdelning. Jag gick i djupa funderingar, och min intuition sa mig att jag snart skulle stå öga mot öga med en verklig utmaning. När jag klev in i dörröppningen på neurologen, hälsades jag artigt av en äldre manlig sjuksköterska.

"Är du Dr. Mack?"

"Ja." nickade jag. "Jag har kommit för att träffa en patient som blivit inskriven av syster Beatrice."

"Åh, jag tror att hon just håller på att ta sitt EEG. Vill du träffa henne i EEG-rummet istället? Det är bara rakt ner genom korridoren."

"Inga problem. Jag återkommer." Jag log.
"Det går bra. Det är en ung tjej och hon har säng nr 25/7."
En ung kvinna . . hmmm ... Jag var förbryllad! Uppriktigt sagt hade jag väntat mig en medelålders kvinna mitt uppe i en livskris!

En timme senare återvände jag till avdelningen och fick träffa patienten för första gången. Hennes namn var Petrina. Hon var söt, med långt, mörkt hår, bruna ögon och en liten smal haka och smilgropar på båda kinderna. Hon var 25 år gammal och hennes ansikte hade formen av ett melonfrö. Hon var iklädd sjukhusets turkosa pyjamas och satt på sin säng, tyst snyftande.

När jag närmade mig, märkte jag genast hur bräcklig och undernärd hon var. Hon vägde faktiskt bara 35 kg vid det tillfället. Hennes hår nådde henne ner till armbågen, med en sidbena till vänster som fick snedluggen att täcka högra sidan av pannan och yttersidan av hennes högra öga. Bakom de spridda hårtestarna, märkte jag hur tårarna trillade nerför båda kinderna. Hon verkade förvirrad och överväldigad av sorg. Det var uppenbart att hon gick igenom en emotionell kris.

Jag presenterade mig och lade märke till att hon knappt hade ork att ta min hand. Genom dimman i hennes ögon kunde jag känna hennes själsliga kval medan hon kämpade för att föra en dialog med mig. Mitt hjärta kändes plötsligt väldigt tungt.

Jag drog fram en stol och satte mig ner vid sängkanten. Hon talade tyst men begripligt. Hon arbetade som receptionist på ögonkliniken och hade fått en blackout på sin närmaste chefs kontor dagen före. Efter att företagshälsovården hade tagit hand om henne togs hon till intensivvårdsavdelningen och därefter hade hon skrivits in på neurologiska avdelningen för vidare undersökning. Hon medgav att syster Beatrice hade talat länge med henne om olika behandlingsalternativ och gett henne mina kontaktuppgifter.

Medan jag lyssnade noterade jag att hon såg blek, trött och betryckt ut. Under hennes lågmälda yttre fanns ett desperat rop på hjälp. Hon började tala om sina medicinska problem, men till min förfäran var hennes minne dåligt och sjukdomsberättelsen osammanhängande. Dessutom avbröts historien då och då av snyftningar. Att begripa hennes problem var en verklig utmaning. Av det jag kunde uppfatta hade hon buddistisk bakgrund. Hon levde i ett olyckligt äktenskap, hade genomgått tre aborter och var tvungen att arbeta hårt för att betala av makens växande skulder. Efter det hade hon hade plågats av en bultande huvudvärk, hamnat i en djup depression och gradvis förlorat minnet. Sedan dess hade hon svimmat flera gånger. Hon drog sig till minnes att hennes svimningsanfall börjat så tidigt som i januari 2010. Attackerna kom alltid plötsligt, oförutsett och föregicks vanligtvis av ett ringande ljud i öronen, yrsel och illamående. Hon hade varit på intensivvårdsavdelningen flera gånger för sina svimningsattacker och det verkade inte som hon blev bättre.

För att få en bättre uppfattning om sjukdomens förlopp gick jag in i sjukhusets datajournalsystem. Petrina hade kommit till intensivvårdsavdelningen på Singapore General Hospital (SGH) första gången oktober 2010. Man hade noterat att hon hade drabbats av en svimningsattack efter lunch och personalläkaren hade hänvisat henne till intensivvårdsavdelningen. Hon kände sig dåsig, hade tinnitus och svimmade efter en stund. Som tur var fångades hon upp av en av sina kollegor och hindrades från att falla. Vid det tillfället var hon i slutskedet av sin menstruationsperiod. Eftersom datortomografin av huvudet visade att allt var normalt, avfärdade hon tanken att bli inlagd för vidare undersökningar.

Hon svimmade återigen den 4 november och upplevde vid det tillfället andningssvårigheter. Hon togs om hand av intensivvårdsavdelningen på Changi General Hospital (CGH). Tydligen hade hon haft övre luftvägsinfektion under föregående vecka och var inte alltför angelägen om att bli inlagd. Medan hon köade vid receptionen drabbades hon av ytterligare en blackout. Till slut ändrade hon sig och skrevs in som patient under det besöket. Efter att ha legat inne för observation på CGH, skrevs hon ut påföljande dag med den förmodade diagnosen svimning beroende på influensa.

Strax innan hon skrevs in hade hon svimmat medan hon var på sitt arbete under en stressig mottagningstimme. Hon drog sig till minnes att bara några sekunder innan hon svimmat hade hon hört en mansröst säga: " Hallå där, Petrina, du är för trött, det är dags att du somnar och inte vaknar upp igen." Hon svimmade omedelbart efter detta, vilket skapade uppståndelse på hennes arbetsplats. Efter att hon tagits till intensivvårdsavdelningen noterades det att hennes hjärtfrekvens var väldigt hög, 173 slag i minuten. Samtidigt upplevde hon en "tryckande" smärta i bröstet. Intensivvårdsavdelningens läkare, som kände sig osäker om hennes svimningsattacker, beslöt att skriva in hennes på neurologiska avdelningen för vidare kontroll.

Under avdelningsronden denna morgon beslöt teamet med neurologer att hon var tillräckligt bra för att komma hem och återgå till sitt arbete. Detta tycktes ha irriterat syster Louise, som var ansvarig avdelningssköterska.

Tydligen hade syster Louise lagt märke till Petrinas djupgående emotioner tidigare under sin sköterskerond. Hon uppmärksammade den biträdande läkaren, Dr. Shanti, på att Petrina skulle behöva särskild behandling för sina emotionella problem och påpekade att hennes problem vare sig var neurologiska eller psykiatriska till sin natur. Snarare uppfattade hon henne som en djupt traumatiserad patient som var i behov av en lång period av sjukskrivning för att återhämta sig. Dr. Shanti kände sig inte helt övertygad av hennes förslag. När allt kom omkring uppvisade patienten inga tecken som motiverade en lång sjukskrivning. Utan en formell rekommendation från en senior läkare med relevant specialistkompetens kände hon att det var ett alltför stort ansvar för henne att bevilja en lång sjukskrivning.

Innan hon fick sin tjänst vid SGH hade syster Louise många års erfarenhet som neurokirurgisk sköterska vid ett annat sjukhus, och hon gav sig inte så lätt. Hon visste av tidigare erfarenhet att många patienter som svimmade av vasovagal respons hade underliggande emotionella problem, och Petrina passade in i den kategorin. Om ingen av avdelningsläkarna var beredda att hjälpa henne skulle hon inte tveka att själv söka hjälp utifrån. Syster Beatrice kom snabbt till undsättning och talade med Petrina. Men eftersom hon snart skulle påbörja sin tjänstledighet kunde hon inte ta på sig något långsiktigt ansvar för att ta hand om Petrina.

Mitt i mina förehavanden med Petrina avbröt hon oss plötsligt. "Åh, ursäkta! Min bror är här för att hälsa på mig." En ung man, snyggt klädd och med en namnskylt från ett företag stod bakom mig.

Besökstiden hade just börjat. Petrinas bror arbetade som verkställande på personalförvaltningen. Hans kontor var i närheten och han hade dragit fördel av detta för att besöka sin syster. Jag ursäktade mig artigt och försäkrade Petrina att jag skulle återuppta mitt samtal med henne senare under eftermiddagen.

Jag återvände till neurologiska avdelningen kl. 15.30. Till min överraskning hade Petrina hämtat sig och hennes uttryck var annorlunda. Hon hade snyggat till håret, torkat ögonen och pudrat ansiktet. Denna gång hälsade hon mig med ett elegant leende och verkade mer medveten om omgivningarna. Hon kunde ge mig en mer sammanhängande berättelse denna gång.

Petrina genomgick tre aborter under åren 2006, 2009 och 2010. Hon avslutade sin första graviditet 2006 strax före sitt äktenskap. Vid detta tillfälle hade hon och hennes blivande make, Joshua, beslutat att de inte var vare sig finansiellt eller socialt redo att ta hand om ett barn. Snart efter att de ingått äktenskap förstod hon att hennes make inte var den ansvarstagande person hon hade hoppats på. Symptomen med en bultande känsla i huvudet började när hon stod inför problemet med att bilda familj. Hon lade också märke till att symptomen förvärrades varje gång hon lyssnade på musik.

Under 2007 försämrades äktenskapet. Joshua var arbetsledare i en juvelerarfirma, och efter ett års äktenskap uttryckte han en önskan om att läsa vidare. Han ville ta en examen i affärsadministration och behövde pengar. Petrina, å andra sidan, arbetade på en skönhetssalong. Hon hade ett gott självförtroende och siktade högt, och var snart chef för en avdelning i skönhetsbranschen. Men hon fick arbeta mycket hårt alla veckans dagar, både med försäljning och att ta hand om kundcentrat. Ovanpå grundlönen på $2100 kunde hennes säljbonus vara betydande, och ibland kunde hennes månadsinkomst vara så mycket som $5000. Men hon fick finansiera makens studier och betala alla hans extravaganta räkningar. Depressionen slog till när hennes ekonomi försvagades. Hennes sömnlöshet började bli alltmer problematisk. Hon sov lätt redan innan, och sömnbristen de senaste tre åren hade tagit ut sin rätt. Resultatet blev att hon kände sig alltmer trött om morgnarna.

Jag iakttog hennes ansiktsuttryck medan jag intresserat lyssnade till hennes berättelse. Bakom den eleganta fasaden kunde jag känna en blandning av sorg och smärta välla fram medan hon talade.

Under 2009 gjorde hon sin andra abort och blev akut deprimerad. "Jag kan höra barnet tala till mig: Var är min mamma?" sa hon med en snyftning.

"Är det en riktig röst som du faktiskt kan höra" frågade jag nyfiket.

"Ja, det är en röst, men den uppträder mer sällan efter medicineringen," svarade hon.

Hon vågade inte berätta om aborten för sina övriga familjemedlemmar, särskilt inte sin mamma. Hennes mamma hade också varit offer för en depression de senaste tjugo åren, och hennes problem kom sig av hennes eget misslyckade äktenskap. Tydligen hade hennes mamma skiljt sig och var omgift. Hennes far, å andra sidan, levde nu med en av hennes mostrar. (Fig. 1).

Fig. 1: Genogram – Depression i familjen

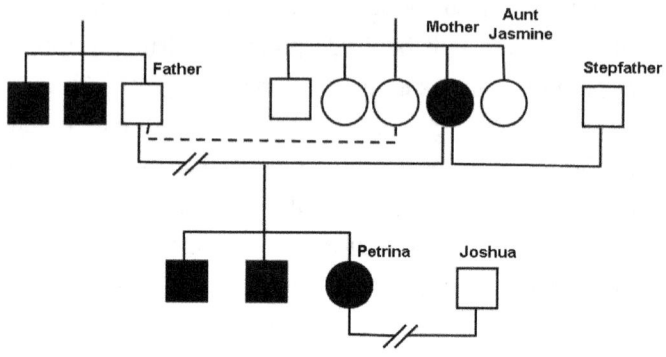

Med sin sviktande hälsa kunde Petrina omöjligt fortsätta med arbetet på skönhetssalongen. Hon sade upp sig och beslöt sig för att gå in i vårdsektorn som receptionist med en månadslön på endast $1300.

Under tiden frättes hon av skuldkänslorna över aborten. I january 2010 började svimningsanfallen. Till en början hade hon föregående symptom som hon upplevde som ett ringande ljud, omedelbart följt av en blackout som kunde vara allt från några få minuter till en halvtimma. Varje episod följdes av kallsvettningar. Svimningarna blev allt mer förekommande och i maj 2010 inträffade de så ofta som två eller tre gånger i veckan. Varaktigheten på blackouterna ökade också. Vid ett tillfälle svimmade hon och var medvetslös i åtta timmar innan hon vaknade upp.

Hennes blackouter tröttade ut henne fysiskt och mentalt. För sex månader sedan blev hennes tillstånd så dåligt att hon bad om obetald tjänstledighet, men hennes chef vägrade blankt. Efter det tvingade hon sig att fortsätta arbeta tills hon var färdig att segna ner. Hennes minnesbilder av omgivningen, inklusive några av hennes kollegor och vänner, försvann. Vid denna tidpunkt drog hon sig till minnes en "psykolog"-vän vid namn Aaron som hjälpte henne igenom denna mycket svåra period. Men av någon anledning hade hennes minne av honom också förbleknat.

Petrina hade börjat röka tre år tidigare. Hon hade köpt cigaretter till sin make, och efter ett tag hade hon gjort honom sällskap och de rökte tillsammans. En vanlig arbetsdag kunde hon röka så mycket som 20 till 30 cigaretter om dagen, men som tur var hade hon inte blivit psykiskt beroende av rökningen ännu.

I augusti 2010 upptäckte hon att hennes make hade ett förhållande med hennes goda vän Hazel, men återigen hade hon förlorat merparten av de minnen som hade att göra med Hazels identitet och den umgängeskrets som de båda hörde till.

"På något vis vill jag inte minnas dem. Jag vill inte berätta vad jag kommer ihåg från den dagen. Namnet på kvinnan är Hazel, jag blir upprörd av det namnet," konstaterade hon med en glimt av ilska i ögonen. "Hon skulle flytta till Kanada. Jag hjälpte henne att packa sina grejer för att flytta," drog hon sig till minnes, "och då såg jag ett foto under sängen på henne och min man tillsammans." Tårar vällde upp ur hennes ögon. "Hela gänget visste om otroheten men berättade det inte för mig," fortsatte hon bittert. "Jag slutade umgås med dem allesammans sedan dess," snyftade hon.

Petrina hade redan ansökt om skilsmässa. Men hennes svärmor var 80 år gammal och hade behandlat henne mycket väl. Oturligt nog tvingades den gamla kvinnan att arbeta som diskare i en restaurang för att bidra till ekonomin hemma. I och med skilsmässan skulle hennes make vara tvungen att sälja deras hus för att kunna betala sina egna skulder. Efter det skulle hennes svärmor inte ha någonstans att bo, och detta verkade ha förvärrat Petrinas skuldkänslor. Ända sedan skilsmässan hade Petrina flyttat ut och bodde nu hos sin mor.

Den 10 november, en vecka efter att hon skrivits ut från CGH, konsulterade Petrina sin familjeläkare på Old Airport Road, Dr. Wong, för sina problem. Efter att ha diagnosticerat hennes ångesttillstånd skrev han ut Nordazepam och Diazepram åt henne.

Han hade tidigare med framgång behandlat hennes bultande huvudvärk och påpekade för henne att svimningarna och sömnlösheten hade sitt ursprung i hennes omedvetna. Båda preparaten som han skrivit ut var svagt lugnande. Nordazepam var ångestdämpande och lugnande, och Petrina hade försiktigtvis bara tagit tre tabletter tills idag. Diazepram, å andra sidan, var en kortverkande medicin och användes som en tilläggsbehandling för ångest med måttlig depression. Hon var ovillig att ta den och jag märkte att förpackningen var obruten.

Petrinas allmänna hälsotillstånd hade snabbt försämrats sedan hon drabbats av ångest och depression. Hennes familjeläkare hade ordnat ett besök hos en psykiater på Gleneagles sjukhus i januari 2011, men hon var inte särskilt angelägen. Hon ville inte bli stigmatiserad som en mentalpatient, inte heller hade hon råd med de privata medicinska specialistavgifterna. Jag förstod senare att hennes make hade tagit alla hennes pengar eftersom hon hade tagit initiativ till skilsmässan. Han hade också, utan förvarning, tagit ut hennes sista $7000 från det bankkonto som de hade gemensamt.

Jag var bekymrad över Petrinas djupa desperation. Ändå kände jag att hon, vid sina unga år, kunde dra nytta av den anmärkningsvärda förmågan till återhämtning, från de djupa sår hon åsamkats. Kanske hon kunde förmås att se sin depression som en varningssignal? Kanske hon kunde se sitt nuvarande tillstånd som början på en större resa? Men hennes själsliga helhet och integritet hade på något sätt gått förlorade och hon behövde hjälp att finna dem igen. Var jag rätt person att hjälpa henne? Skulle hon kunna tro på att denna större resa till slut skulle medföra att hon blev hel och lycklig igen? Jag visste mer än väl att om jag skulle engagera mig, skulle det också innebära en möjlighet till en djup förändring i mig själv. Efter en stunds eftertanke försäkrade jag Petrina att jag skulle hjälpa henne hela vägen.

Nästa fråga handlade om hennes sjukskrivning. Jag gick över till sjuksköterskornas arkiv, tog fram hennes journal, satte mig ner och skrev ett helsideslångt PM till Dr. Shanti där jag räknade upp alla skäl till varför jag backade upp beslutet att Petrina skulle få en månads sjukskrivning.

Den kvällen, efter arbetet, gick jag för mig själv igenom historien som hade delgetts mig. Det var en hel del luckor i den. Jag kunde förstå Petrinas skäl för att förtränga minnena av de vänner som hade "förrått" henne, men varför glömde hon också de kollegor och psykologvännen som försökte hjälpa henne? Och, om nu den andra aborten hade varit ett sådant emotionellt trauma för henne, varför genomled hon traumat av en tredje graviditet och abort. På ett mer pragmatiskt plan undrade jag om hennes sviktande minne skulle låta henne komma ihåg mig som sin terapeut när jag träffade henne nästa gång ...?

Jag beslöt att jag skulle sondera terrängen ytterligare medan jag väntade på mer information.

Kapitel Två
Fast

Desperation är den drastiska förändringens råmaterial. Bara de som kan lämna efter sig allt de någonsin har trott på kan hoppas på att undkomma.
– William S. Burroughs

Efter morgonronden dagen därpå tittade jag förbi neurologiska avdelningen för att träffa Petrina. En sjuksköterska mötte mig i korridoren och informerade mig kortfattat om att hon hade blivit utskriven förgående kväll med diagnosen vasovagala svimningar. Resultaten av testerna med EEG och datortomografi var normala. Resultatet av det sympatiska hudresponstestet stämde överens med vetskapen att hennes upprepade svimningsattacker kom sig av blodansamlingar i benen vilket medförde att blodflödet till hjärnan ströps. Det som var trösterikt att höra var att Dr. Shanti till slut hade gett henne en månads sjukskrivning och det på grund av min rekommendation.

Petrina var hemma och vilade när jag ringde henne. Det verkade inte som hon hade svårt att minnas vem jag var eller att komma ihåg vad vi hade talat om dagen före. Efter att ha tagit det lugnt under kvällen hade hon kommit fram till hur hon skulle klara av sina blackouter. Hon beslöt att hennes svimningsattacker var så opålitliga och hotfulla att det inte längre var säkert för henne att lämna huset ensam. Istället föredrog hon att ordna så att en familjemedlem skulle följa henne till sjukhuset under nästa besök. På de premisserna erbjöd jag henne en tid påföljande måndag eftermiddag på sjukhusets öppenvårdsmottagning.

Jag funderade inte mer på Petrinas problem den dagen. Men följande kväll tog jag emot ett ängsligt mail från henne. Tydligen hade hon lämnat huset tillsammans med sin mor för ett inbokat besök hos deras läkare sent på fredag eftermiddag. Hennes bror körde, och medan hon satt bredvid sin mamma i bilen, upplevde hon en plötslig blackout.

"Jag fick en blackout igen igår kväll i bilen på väg till min mammas läkarbesök. I ungefär en halvtimme efter det kunde jag inte alls minnas var jag var eller vilket syftet var med att följa med mamma till doktorn. Efter 20 minuter till började jag minnas. Det verkar som jag håller på att bli sämre. Jag börjar oroa mig för att jag till slut kommer att glömma allt..."

Tonen i hennes meddelande var klart deprimerad. Jag grubblade över hennes problem. Hon hade plågats av traumatiska minnen och hennes emotionellt laddade erfarenheter hade fått henne att utveckla tecken och symptom på dissociativ minnesförlust. Hennes upprepade minnesförluster verkade vara en manifestation av en förnekelserespons gentemot mig. Jag hade haft svårt att gräva i hennes problem, men jag trodde att jag hade de verktyg som behövdes för att finna roten till hennes emotionella triggerpunkt.

Jag ringde upp Petrina för att trösta henne. I hennes fall måste läkningen ta sin början med hopp. Hon måste inse att hon kunde göra skillnad för sig själv vad gällde hur hon mådde och hur hon skulle leva sitt liv. Jag drog mig till minnes hennes buddistiska tro och frågade om hon hade någon tidigare erfarenhet av meditation. Det hade hon inte. Jag övertalade henne att lära sig och att börja meditera eftersom meditation hade bevisad effekt för att minska stress och att lugna sinnet.

För en tid sedan såg och hörde jag några väldigt lugnande meditationsfilmer på Youtube. En av dem, med titeln "Guidad Meditation – Djupavslappning" visade ett klipp med havsvågor som slog mot stranden mot en bakgrund av en nedgående sol. Dessutom fanns det en guidad meditationstext till en bakgrund av lugnande musik. Så kom jag ihåg ytterligare ett videoklipp som hette "Ultradjup Guidad Meditation för Dig" med animerad hypnotisk grafik till ljudeffekter.

Jag skickade båda länkarna till Petrina. Hon lovade att använda dem. Inte anade jag väl då att hon just då började lära sig ett av de mest användbara självhjälpsverktygen i sitt liv.

****

Syster Beatrice hade rest till Australien över helgen med anledning av sina medicinska engagemang. Jag uppdaterade henne angående Petrinas framsteg och i synnerhet svimningsanfallen. Intressant nog hade hon ett helt annat perspektiv på svimningarna och menade att underförstådda suggestioner spelade en viktig roll i hennes fall. Hon skrev om sitt första samtal och intryck av henne:

"Tack för uppdateringen. Förresten, jag ville nämna för dig att Petrina träffade en allmänläkare som hade sagt till henne: '*Jag hade ett fall som var exakt som du, och hon kan nu inte längre vakna ur sin sömn och förvirring ...*' Tala om inbillningens kraft, det är det som händer med henne. Petrina själv menade att hon vet att det inte är något fel på henne. Jag berättade för henne att troligen kommer testerna att vara normala, och att hon kommer att behöva någon form av terapi."

Jag grunnade på det Beatrice sagt och myste för mig själv. Tja, om Petrina var så lättsuggererad, skulle hon vara en idealisk kandidat för hypnoterapi och en välsignelse.

****

Måndag eftermiddag kom Petrina till kliniken för sin första terapibehandling. Hennes bror hade skjutsat henne till SGH från hemmet i Tampines och hon hade använt tiden i bilen, som fastnat i en trafikstockning, till att lyssna på musiken och meditationstexten i de två videoklippen som hon hade laddat ner i sin iPhone.

Hon dök upp iklädd en enkel blus och en mörk kjol. Hennes ansikte var sminkat och hon hade bättrat på sitt utseende med lösögonfransar. det var tydligt att hon kämpade mot sin härjade uppsyn och under hennes utmattade yttre vilade en delvis dold känsla av ångest. Hennes naglar och tånaglar var vackert dekorerade med små konstverk. Det var ett tilltalande rödfärgat mönster som hade tagit henne tre timmar att skapa. Jag fick senare veta att nageldekoration alltid hade varit hennes stora intresse och att hon hade velat utbilda sig till nageltekniker. Fastän det var en arbetsam hobby, roade den henne eftersom skapandeprocessen gjorde att hon upplevde "kontroll och självförtroende".

Jag hade ett kortfattat samtal med hennes äldste bror som hade följt med henne till kliniken. Han förvånade mig med en flyktig anmärkning om att han inte hade haft kontakt med sin syster Petrina de senaste tre åren, och att han inte hade en aning om varför hon plötsligt hade blivit så sjuk! Det slog mig att Petrina hade dolt sitt predikament inte bara för sin mor, utan sina syskon också. Så småningom kom hon att berätta för mig att skälet till hennes tystnad hade varit att om hennes bror hade fått veta vad Joshua hade gjort med henne, skulle han ha misshandlat hennes ex-make. Hon ville inte att hennes bror skulle hamna på en polisstation.

På mottagningen öppnade Petrina ett kuvert med en formell remiss från Dr. Shanti på neurologiska kliniken. Bifogad var en detaljerad rapport. Medan jag skummade igenom dokumentet var det en detalj som fångade min uppmärksamhet. Det var ett stycke i redogörelsen om att Petrina hade sin första svimningsattack redan som barn. Jag frågade och hon bekräftade det, och hon lade till att attacken hade inträffat i samband med att hennes mor hade börjat förbereda skilsmässan från hennes far.

Efter att hon skrivits ut från neurologiavdelningen för fem dagar sedan hade hon haft sömnsvårigheter och hennes blackouter och minnesförluster hade varit en källa till oro. Å andra sidan började hennes familj vänja sig vid hennes frekventa svimningar. I samband med attackerna brukade hennes humör svänga och domineras av specifika emotioner från gång till gång. Det som var ovanligt var att hon, som patient, använde väldigt träffande ord för att beskriva sina symptom.

Hon hade upplevt känslor av att "vara pressad" så snart hon försökte minnas sitt förflutna. "Det är som att vara instängd eller fångad i ett rum och oförmögen att ta sig ut," beskrev hon. "Det är som att vara i en bur."

Jag lyssnade noga och skrev ner hennes precisa beskrivning. I min roll som terapeut sökte jag efter känslor och emotioner som kunde vara användbara som affektövergång i regressionsterapi.

Hon hade informerat sin familjeläkare, Dr. Wong, om sina tvivel beträffande att konsultera en privat psykiater jämfört med att behandlas med hypnoterapi på ett allmänt sjukhus. Till hennes förvåning hade Dr. Wong rått henne att hålla sig till den bokade tiden idag och sagt att han var övertygad om att hypnoterapi var ett bättre alternativ.

Några av hennes kollegor hade hälsat på henne i helgen men det oroande var att hon kunde inte riktigt komma ihåg vilka de var. Jag tog tillfället i akt och inledde behandlingstillfället med att förklara för henne att hypnoterapi var ett kraftfullt verktyg för att hjälpa patienter att återkalla glömda händelser.

"Hypnos är egentligen bara ett tillstånd av fokuserad uppmärksamhet," betonade jag. "Vi går in i och ut ur hypnotiska tillstånd hela tiden och skiftar vårt uppmärksamhetsfokus från inåt till utåt." Jag citerade några exempel som inbegrep att titta på TV och att köra bil på en motorväg. Jag förklarade hur, när man är i ett tillstånd av trance, ens vardagsmedvetande kan vila medan sinnet fokuserar på inre tankar och känslor. I trance skulle hon också kunna få tillgång till minnen som vanligtvis inte var tillgängliga i vakentillståndet, i synnerhet hennes förträngda personliga minnen.

De följande minuterna använde jag till att informera henne om vad hon kunde vänta sig av sin första hypnosbehandling och vilken sorts verbala suggestioner jag skulle ge henne. Jag förklarade hur hennes förmåga att minnas skulle skärpas med kroppen i ett avslappnat tillstånd. Jag nämnde exempel på tidigare framgångar jag haft genom att med regressionsterapi ta patienter tillbaka till barndomen för att locka fram minnen av glömda trauman och hjälpa dem att komma över dessa smärtsamma erfarenheter.

Undersköterskan hjälpte henne över till britsen. Efter det satte jag på avslappnande musik i rummet och gav henne några minuter att varva ner. Vi var redo att sätta igång.

När hon hade slutit ögonen, bad jag henne ta tre djupa, långsamma andetag och fokusera på känslan av hur luften flöt in och ut ur bröstet. Jag instruerade henne att hon med varje inandning skulle andas in avslappning, och med varje utandning släppa ut undertryckta spänningar ur kroppen. Efter några minuter hade hon kommit in i ett tillstånd av ett djupt lugn.

Sedan fortsatte jag att guida henne in i en progressiv avslappning av kroppens olika muskelgrupper. Jag började med suggestioner om hur hon aktivt kunde slappna av musklerna högst uppe på huvudet och gradvis förflytta avslappningen ner över pannan, ansiktet, käkarna, nacke, axlar, armar och underarmar, ryggmuskler och bröstet. Jag lade märke till hur hennes ögonlock började rycka, och det gav mig en indikation på att hon fördjupade sitt hypnotiska tillstånd. Jag fortsatte avslappningsprocessen med hennes mellangärde, bäcken, höfter, vader och ner till fotsulorna, och vid det laget var hon fullkomligt avslappnad. Denna långsamma induktion tycktes ha fungerat väldigt bra för henne.

Efter det använde jag mig av trappstegsfördjuparen och guidade hennes inre blick att se framför sig hur hon stod överst i trappan. När jag sedan sakta räknade baklänges från tio till ett, fördjupade hon sin trance effektivt medan hon visualiserade hur hon gick nerför trappan med varje inräkning. För att verifiera trancedjupet testade jag med både ögonlock- och armkatalepsi och hon gick igenom båda testerna. Efter ungefär tjugo minuters avslappning och fördjupning var jag säker på att hon lät sig hypnotiseras. Sedan tog jag henne gradvis ut ur trancen genom att räkna baklänges från fem till ett. När jag kom till ett, öppnade hon ögonen sakta, och såg en smula förvirrad ut.

"Hur gick det?" frågade jag vänligt.

"Avslappnad," viskade hon, medan hon fortsatte att stirra drömmande på taket ovanför.

Utan vidare spisning bad jag henne omedelbart sluta ögonen igen och tog henne snabbt tillbaka ner i trancetillståndet igen. Jag hade valt att dra nytta av fraktioneringseffekten. Detta eftersom en patient som går in i ett hypnotiskt tillstånd en andra gång kort efter den första tenderar att snabbt nå ett hypnotiskt tillstånd djupare än förut. Strax efter lade jag min högra handflata försiktigt på hennes panna och sade med låg röst, "Gå djupt." Inom några sekunder var hon i djup trance, och redo för nästa fas i terapin.

Kapitel Tre

Fångad

Människan är historiens fånge, och historien är fångad i människan.

— James Arthur Baldwin

Petrina låg fortfarande på britsen och var djupt i trance. Jag förstod att syster Beatrices bedömning av hennes förmåga att låta sig hypnotiseras var riktig. Hon var verkligen en i högsta grad lättsuggererad person. Utan vidare betänkande beslöt jag mig för att sätta igång med regressionsterapi.

En regression är en process i vilken en hypnotiserad patient återkallar en serie minnen från det omedvetna guidad av terapeuten. Att få tillgång till patientens känslor är mycket lättare i trance. Dessutom blir personens medvetna närvaro starkare och minnena tenderar att vara mer levande.

Ett av guldkornen jag lärde mig i min utbildning till hypnoterapeut är att det bästa terapiresultatet alltid uppnås om man identifierar sjukdomsbildens första problematiska händelse. Genom att låta patienten under trance lära om och sätta in händelsen i ett nytt sammanhang kan symptomet frigöras och läkning uppnås. Regression är den mest lämpade tekniken för detta syfte. Om man inte frigör roten till symptomet, kan det omedvetna återgå till samma problem senare.

Petrinas känsla av att "vara instängd i ett rum och oförmögen att komma ut" lät för mig som en bra utgångspunkt för terapin. Frasen tycktes innehålla en starkt emotionell komponent. Min avsikt var att låta hennes omedvetna knyta an till en tidigare incident i vilken hon sensibiliserats av den instängda känslan.

"Nu vill jag att du fokuserar ditt medvetande på dina känslor av att vara pressad, fångad eller instängd," började jag, "... och fortsätt att fokusera på det."

Hon var alldeles stilla och orörlig. Jag fick henne att upprepa frasen "Jag är fångad" högt några gånger och väntade. Hon var fortfarande tyst. Då följde jag upp med en teknik för att förstärka hennes upplevelse av känslan.

"Medan du fortsätter att fokusera på din känsla av att vara fångad eller instängd, kommer jag räkna från ett till tio för att förstärka intensiteten av emotionen. Ett, två, ... dina emotioner byggs upp ... tre, fyra, fem ... dina emotioner blir starkare och starkare ... sex, sju ... dina emotioner blir mer intensiva... åtta, nio ... de är väldigt starka nu ... och tio ... din emotionella intensitet är maximal nu."

Jag lade märke till en lätt muskelryckning i hennes ansikte, som om en djupare process hade satts igång. Så fortsatte jag. "När jag nu räknar baklänges från tio till ett går du tillbaks till en tidigare händelse som är förbunden med dessa emotioner. Tio, nio, åtta, sju, sex, fem, fyra, tre, två och ... ett."

Något viktigt höll på att hända. Petrina började tala i samma ögonblick som jag räknade till ett.

"Blöder ..." sa hon tyst. Jag blev en smula förvånad över att hennes ögon började tåras. Affektövergången hade med framgång fått Petrina att anknyta till en smärtsam händelse i det förflutna.

"Var är du nu?" frågade jag.

"Vid foten av trappan ... blödande."

"Vad har hänt?"

"Jag är gravid. Min man har knuffat mig utför trappan," snyftade hon.

"Kan du beskriva dina känslor?"

"Jag hatar honom ... varför har han gjort så här mot mig?" Tårarna vällde upp ur hennes ögon.

Hon var synbarligen upprörd. Jag väntade medan hennes emotioner snabbt byggdes upp. Så brast hon i gråt och gick in i ett tillstånd av total katharsis. Det tog en stund innan hon fullständigt förmådde frigöra en större del av sina uppdämda känslor. Efter några få minuter började hon lugna sig.

"Ta ett djupt andetag ... och berätta för mig vad som hände."

"Jag är trött," sa hon, efter att ha återfått sin röst. "Jag måste arbeta, sköta tvätten och laga mat åt honom. Jag frågar aldrig var han går, och vad han gör. Varför ... alla dessa räkningar? Han arbetar och jag arbetar och jag sköter betalningarna. Det finns aldrig tillräckligt med pengar. Jag vill inte be honom om hjälp för då blir det bråk."

Det blev en paus.

"Han lämnade mig för Hazel." Jag drog mig till minnes Hazel som namnet på hennes bästa väninna med vilken hennes make hade en otrohetsaffär. "Jag ringde en god vän som skulle ta mig med till en läkare. Läkaren gav mig någon medicin för att stoppa blödningarna. Han (Joshua) ville inte ha babyn. Jag gick till en gynekologklinik ensam och gjorde aborten. ... Aborten är över. Jag saknar min baby."

"Vad händer härnäst?"

"Jag är hemma nu, väntar på honom. Han kom aldrig tillbaka."

"Hur är dina känslor i det här skedet?"

"Hat ... Jag hatar honom för att han svek mig." Hon började gråta igen.

"Vilka tankar hör samman med det hatet?"

"Hur kan min goda vän (Hazel) göra så här mot mig?" sa hon bittert med tårar strömmande nerför kinderna igen.

Jag väntade. Efter några ögonblick hade hennes emotioner nått, och passerat sitt crescendo. Så fortsatte hon tala.

"Nu tittar jag på räkningarna. Jag måste sälja allt för att betala av hans räkningar."

"Hur känns det?"

"Jag känner mig fångad ..." sa hon med ett desperat tonfall.

Fullträff! Det var samma uttryck som hade använts i affektövergången och det var tydligt att hon hade gått tillbaks till den sensibiliserande händelsen. Jag hade lärt mig från min tidigare träning att identifiering av den ursprungliga sensibiliserande händelsen var avgörande i terapi. Det hon just beskrev verkade vara den centrala livsavgörande händelse som hade framkallat upplevelsen av att vara "fångad" i en desperat situation.

"Varför måste jag ta hand om allting och betala för allt?" fortsatte hon. "Jag flyttade hem till min mamma. Mamma säger att jag ska tala med honom. Han kom aldrig tillbaka. Jag väntade på att han skulle ringa ... Inte ett enda ... inte ens ett meddelande. Jag vet inte vad jag ska göra ... Sedan ringde han och bad om mer pengar. Jag gav honom inga. Han slog mig. Sedan gick han till banken och förde över alla pengar från bankkontot. Jag har inget kvar ..."

"Hur kände du dig i det här läget?"

"Förlorad."

"Vad hände sedan?"

"Aaron hjälpte mig –" Hon tystnade plötsligt. Jag lade märke till ett plötsligt kast med huvudet, efter vilket hon hastigt vaknade upp ur hypnosen.

Petrina öppnade sina ögon på vid gavel, med halvt förvirrad uppsyn. Hon hade kommit ut ur sin trance abrupt och självmant. Jag var inte helt säker på varför detta hade hänt när hypnosbehandlingen hittills hade gått så smidigt. Jag noterade dock att detta inträffade då namnet Aaron nämndes, psykologvännen, som enligt förmodan varit till hennes hjälp. Föga anade jag att detta hastiga uppvaknande ur trancen skulle komma att bli ett återkommande fenomen och förorsaka stora störningar av de påföljande terapitillfällena.

Utan att göra alltför mycket väsen av saken instruerade jag Petrina att sluta sina ögon medan hon var kvar i ett halvdrömmande tillstånd. Jag tog henne ner i ett hypnotiskt tillstånd ännu en gång.

"Slappna av medan du fokuserar på känslan av att vara fångad och att vara inlåst ... och medan du gör det, låt bilderna ta form i ditt sinne ... berätta nu för mig var du är och vad det är som händer."

"Jag är hemma med mamma och pappa," viskade hon.

"Hur gammal är du nu?" frågade jag.

"Sju," svarade hon.

Hon hade spontant hoppat till en långt tidigare händelse i sitt liv och jag bestämde mig för att arbeta med vad som än kom upp.

"Vad är det som händer nu?"

"Pappa slår mamma. Han använder ett bälte ... Mamma låste in sig i ett rum."

Igen, fullträff! Petrinas känsla av att "vara inlåst" tycktes ha förklarat sig själv nu.

"Vad händer härnäst?"

"Pappa tog alla pengarna och gick ut för att spela."

"Hur kände du dig?"

"Jag var rädd. Det fanns inget jag kunde göra," sa hon med ett desperat tonfall.

"Vad hände sedan?"

"Pappa spelade hemma med sina vänner. Jag var hungrig och bad om mat. Han använde en cigarett och brände mitt ansikte och sa till mamma att det var en olyckshändelse. Mitt huvud smärtade av brännskadan. Vi hade inte råd att gå till läkaren." Hennes röst darrade.

Jag kunde urskilja smärtan i hennes röst. Det verkade som jag hade klivit rätt in i ett Inre Barnet-problem. Jag började också förstå den emotionella grunden till varför Petrina utvecklade svimningsattacker när hon var i lågstadieåldern. Hon berättade senare för mig att hennes far var så begiven på spel att han brukade vänta på att hennes mamma skulle komma hem på avlöningsdagen. Tillsammans med mostern brukade de två sedan dra med henne till bankomaten för att ta ut hela månadslönen. Sedan stack de iväg med pengarna för att spela.

För att hantera situationen hade hennes mamma kommit på att hon kunde stanna sent på kontoret när det var avlöningsdag, ta ut pengarna och handla mat, särskilt burkmat, innan hon kom hem. Trots detta hände det att hennes far gick så långt att han tog en del av burkmaten hemma och bytte den mot kontanter för att spela.

Min hjärna arbetade febrilt för att besluta om nästa steg i terapin. Det övergivna Inre Barnet inuti Petrina ropade uppenbarligen på hjälp med sjukdomen som uttrycksmedel. Då hennes Inre Barn var så svältfödd på näring, bytte jag teknik och lät henne upptäcka sin egen "inre förälder" i sitt omedvetna.

Jag fördjupade hennes trance och sa: "Kom tillbaks till nuvarande ålder och se dig själv som vuxen ... Låt ditt vuxna själv möta den lilla flickan Petrina igen ... Kan du se henne?"

"Ja."

"Vad skulle ditt vuxna själv säga för att trösta den lilla Petrina?"

"Det är snart över," sa hon med ett mjukt tonfall.

"Vad svarar den lilla Petrina?"

"Jag plågas. Vad ska jag göra?" Hennes röst lät sorgsen.

"Vad svarar det äldre självet?"

"Du har ingen du kan lita på utom dig själv. Du kommer att bli fri.." Detta yttrades med ett mognare tonfall.

Jag gav Petrina en mjuk kudde, och sa lågt, "Gå närmare den lilla flickan Petrina. Du kanske vill tala om för henne att hon är en fin, underbar liten flicka och krama henne en liten stund."

När integrationsprocessen med det Inre Barnet var färdig lät jag Petrina gå till en helande plats. Jag använde en guidad fantasi, och tog henne till kanten av en stilla damm och lät henne föreställa sig att en liten sten kastades i dammen och att den skickade ut ringar av avslappning till dammens periferi. Jag bad henne föreställa sig att varje ord jag sa skulle vara som en sten kastad i det stilla vattnet. Hon förblev lugn och avslappnad.

Sedan frågade jag henne om hon kunde visualisera sig stå under ett vattenfall och känna hur det varma vattnet porlade ner över huvudet, längs med hela kroppen, och rena henne från alla spänningar.

Vid det här laget hade två och en halv timma gått. Petrina kom ur trancen i det hypnotiska tillståndet och var synbarligen trött. Vi kände båda att det hade varit ett givande behandlingstillfälle.

Hon torkade sina tårar och drack en kopp varm Ovomaltin innan hon lämnade mottagningen. Jag påminde henne om att behandlingarna med nödvändighet skulle komma att bli intensiva från och med nu och framöver. Hon förstod och gick med på att återvända för en uppföljning dagen därpå.

Petrina ursäktade sig för att gå till toaletten och jag tog tillfället i akt att njuta av en kort paus. Bara några ögonblick senare uppmärksammade en sköterska mig på att Petrina, på väg ut, nästan fått en blackout på toaletten. Hon hann stödja sig i tid och lyckades med nöd och näppe undvika att falla.

Detta hade jag inte väntat mig. Terapin hade gått bra och jag hade ingen anledning att vänta mig att hennes symptom skulle återkomma så snabbt. Jag tog henne tillbaks till mottagningsrummet för att vila i en stol. Fem minuter senare, efter att hon återhämtat sig, beslöt jag att följa henne till hållplatsen vid sjukhusets entré. Hon ringde sin bror, som körde hemifrån för att hämta henne. Fastän hon hade varit igenom en lång och tröttsam terapibehandling, log hon innan hon for iväg i bilen.

****

Den kvällen efter arbetet lämnade jag sjukhuset på ett avspänt humör för att gå på en middag med två vänner. Men mitt i middagen ringde Petrina.

Tydligen hade hon, strax efter att hon kommit hem, börjat få huvudvärk. I samma ögonblick som hon slöt sina ögon började hon höra röster. Bland rösterna kunde hon urskilja ett gräl mellan hennes ex-man, Joshua och Hazel. När hon ringde mig, kunde hon inte dra sig till minnes innehållet i konversationen mellan rösterna. Hon kände sig frustrerad och orolig.

Det lät som en flashback och jag ville inte att hon skulle bli uppjagad. Jag försäkrade henne att hon gick igenom en förväntad reaktion på en intensiv terapibehandling.

Senare under kvällen grubblade jag över bakgrundshistorien med barnmisshandel. I mina tidigare studier hade jag lärt mig att kvinnor som hade varit involverade med misshandlande personer omedvetet försökte skriva om sitt förflutna. Sigmund Freud kallade denna tendens att spela upp det förflutna för "tvångsmässig repetition" som kan förstås som en omedveten tendens att attraheras av samma sorts misshandlande människor om och om igen. Var det för att Petrina hade saknat sin fars kärlek som hon senare involverade sig med en make som på många sätt påminde om hennes far? Och försökte hon få honom att älska henne?

Kapitel Fyra
Förändringen tar sin början

Om vi öppet erkänner våra brister, och våra djupaste behov, då kanske död och förtvivlan så sakteliga försvinna.

– J.B. Priestley

Tisdag 30 november var dagen för Petrinas andra terapibehandling. Det första jag gjorde på morgonen när jag kom till min arbetsplats var att uppdatera Beatrice om vad som hade hänt Petrina. Vi hade för vana att dela terapierfarenheter med varandra.

Hon svarade omedelbart. Intressant nog gav hon mig fler detaljer om Petrinas make: "Hon är en väldigt modig flicka. Väldigt traumatiska erfarenheter, och det är bra att hon kom till din klinik. Hon kommer åtminstone att bli bättre efter behandlingarna. Med alla dessa trauman lär inte medicinerna hjälpa, eller hur? Maken var helt beroende av henne när han tog sin examen. När han avslutat studierna hittade han ett mer välbetalt jobb, men klarade inte stressen och sade upp sig. Han satt hemma och drack och rökte som en värdelös nolla. Hon kände sig sviken när hennes man visade sig ha en annan kvinna efter att hon offrat så mycket för honom."

*****

Jag hade avsatt tid särskilt för Petrina den morgonen. Ungefär kl. 11:00 på förmiddagen kom hon till min klinik, i sällskap med sin mor. Fastän hon var elegant klädd, såg hon en smula blek och trött ut. Hennes mor presenterade sig, överlämnade Petrina i min vård och ursäktade sig hastigt och skyndade vidare till sitt arbete.

I mottagningsrummet uppdaterade hon mig om vad som hade hänt kvällen före. Hon mindes att hon hade haft ännu en blackout kort efter att hon hade ringt mig under middagen. Just när hon skulle till att somna, hörde hon en kort hypnagog konversation mellan sig och en oidentifierad man:

(Mannen): "Du är den sista på jorden jag skulle såra."
(Petrina): "Du lovade att du inte skulle såra mig, men du gjorde det igen."

När hon vaknade upp, upplevde hon en minnesförlust. Mysteriet med hennes tillstånd blev alltmer påtagligt. Jag undrade om denna dialog kunde vara en viktig ledtråd i hennes underliggande minnesförlust.

Jag frågade om den oidentifierade mannen kunde vara hennes make och hon svarade bestämt att det var osannolikt. Det betydde att hon kanske hade en annan älskare som komplicerade hennes historia, men hon var inte i ett sådant sinnestillstånd att hon kunde hjälpa mig att foga samman pusslet. Istället tänkte jag att jag skulle hjälpa henne återhämta minnet av den "mystiske" mannen med hypnoterapi.

Petrina var nu redo för sitt andra behandlingstillfälle. Så snart hon var i trance, frågade jag: "Vilken känsla förknippar du med din senaste blackout?"

"Besvikelse och frustration," viskade hon.

Jag fördjupade hennes trancetillstånd och bad henne fokusera på dessa två känslor. "Gå tillbaka till den sista gången du upplevde besvikelse och frustration och berätta vad som hände."

Förvånansvärt nog gick hon tillbaka till en tidigare händelse väldigt mycket snabbare jämfört med dagen före.

"Jag kan se Fabian," började hon mjukt.

"Berätta om honom," uppmanade jag.

"Sorgligt …! Vi tog sömntabletter tillsammans."

Jag var förbluffad. Vem var den här Fabian? Jag var inte medveten om denna del av hennes berättelse. Jag beslöt att följa historiens flöde.

"Var är du nu och vad är det som har hänt?"

"Jag är hemma. Jag känner mig illamående ... kan inte vakna upp på morgonen. Jag har försökt ta livet av mig."

"Vem är Fabian?" frågade jag, och undrade om han var den oidentifierade mannen i den hypnagoga dialogen som hon hade talat om tidigare innan hon gick ner i trance.

"Han är en homosexuell vän," viskade hon. Jag blev förvånad igen.

"Fabians mamma var arg på mig ... Jag kunde inte komma till Fabians begravning. Han tog sömntabletter och dog. Jag åkte inte till sjukhuset ... och jag överlevde."

I efterhand fick jag veta att Petrina och Fabian var väldigt nära vänner och att de brukade handla kläder tillsammans. Fabian var homosexuell och klädde sig som en kvinna. Han hade fått HIV av sin manlige partner, som efter det lämnat honom för en annan flickvän. Han var mycket deprimerad. Som ett resultat av likheterna i deras situationer och parallelliteten i deras emotionella kriser planerade de att begå självmord samtidigt. Det avgjordes att var och en av dem skulle göra det separat i respektive hem. Båda svalde vars tio sömntabletter som de planerat.

Fabian dog av överdosen men Petrina överlevde prövningen. Petrina hade erfarenhet av att experimentera med diverse sorter och doser av psykoaktiva droger när hon var ung. Förmodligen överlevde hon därför att hon hade utvecklat en större tolerans. Ändå upplevde hon ett enormt illamående och kräkningar och var tvungen att åka till läkare dagen därpå för att få medel mot illamående.

"Vad hände efter att du överlevt?"

"Jag ringde Aaron ... men han ville inte ta samtalet," sade hon med en upprörd och sorgsen röst. "Jag minns inte vad som hände efter det."

I det här skedet var det oklart för mig hur Aaron passade in i bilden. Inte heller var det uppenbart varför Petrina valde att ringa honom. Än en gång bestämde jag mig för att bara följa flödet.

"Gå till nästa händelse som är förknippad med din känsla av besvikelse."

Det blev en paus, och så svarade hon.

"Tomma löften ..." sa hon cyniskt. Men det verkade som historien började ta fart.

"Vad är det som händer?" frågade jag.

"Jag talar med en man ... vet inte vem han är. Jag är i husets arkad ... Åh!" Hon öppnade ögonen och kom plötsligt upp ur hypnosen.

Det var ett nederlag, särskilt när historien började bli spännande. Jag undrade vem den mystiske mannen kunde vara och hur han hängde ihop med de "tomma löften" som Petrina talade om.

Petrina var helt medveten nu, men jag hade bestämt mig för att fortsätta behandlingen. Med hennes tillåtelse tog jag ner henne i trance ännu en gång.

"Jag är i min säng, och väldigt trött." började Petrina igen.

"Är det dag eller natt?"

"Det är dag."

"Vad händer sedan?"

"Jag har precis somnat ... Jag ser Aaron ... Jag vet inte var han är ... (paus). Jag har somnat nu.

"Snabbspola framåt till det ögonblick när du vaknar upp."

"Jag är vaken nu ... Åh! Någon kommer in!"

Petrina öppnade plötsligt ögonen och såg överraskad ut och kom upp ur trance. Hon kunde inte identifiera personen som överraskat henne. Det var förbryllande.

Jag instruerade Petrina att sluta ögonen igen och slappna av. Hon gick åter in i trance.

"Fokusera ditt medvetande på känslan av att vara fångad, och din tanke på att inte ha något val ..." De sensoriska ledtrådarna verkade snabbt.

"Jag talar med någon på telefon."

"Vem är det?" frågade jag nyfiket.

"Det vet jag inte."

"Vad är det som händer?"

"Jag är fortfarande gift ... det är över ... Äktenskapet är över. Det är inget emellan oss. Min man slår mig."

"Vad händer härnäst?"

"Någon säger: Det är bara en papperslapp. Du måste skydda dig själv. Han har inte rätt att misshandla dig. Jag kommer alltid att finnas här för dig."

"Vem är han?"

"Jag vet inte vad han heter ... Åh! Det är Aaron." Petrina vaknade upp ur hypnosen för tredje gången, och jag noterade att det var när hon nämnt Aaron.

Nu fullt medveten klev Petrina upp från britsen. Hon märkte min förvåning och förklarade "Jag känner mig väldigt frustrerad varje gång jag hör ordet 'Aaron', men jag kan inte komma på vem det är."

Jag drog mig till minnes att Aaron var namnet på hennes "psykolog"-vän som hade hjälpt henne under den svåra tiden med hennes skilsmässa, men det verkade som Petrinas minne av denne man kom och gick.

"Jag kan inte spåra honom med min kontaktlista. Sedan september i år efter det att jag försökte ta livet av mig med sömntabletter kommer namnet 'Aaron' upp, och varje gång jag hör det får jag en blackout."

Allteftersom hon förklarade blev det alltmer uppenbart att det fanns en annan man i hennes liv. Jag började fundera på om denne man bidrog till hennes minnesförluster.

De senaste månaderna hade Petrina på egen hand tittat på några av sina foton för att dra sig till minnes vem Aaron var. Egendomligt nog hade hon flera gånger och helt omedvetet rest till ett särskilt område i Hougang för att söka efter ledtrådar, i förhoppningen att komma på vem denne person kunde vara. Dessutom var det ett administrationsutbildningsföretag vid namn PEACE Konsulttjänster som alltid dök upp i hennes medvetande närhelst Aarons namn nämndes. Hon hade ringt upp företaget för att få information om Aaron, men fick till svar att han inte längre arbetade där.

"Det finns ett särskilt ställe på Hougang Avenue 3 som jag besöker för att minnas min relation med Aaron, och min vän Bernard är den som kör mig dit." Jag lyssnade uppmärksamt, och undrade vem Bernard var. Senare förklarade hon att Bernard var en kollega som arbetade tillsammans med henne på sjukhusets informationsavdelning. Petrina hade känt honom i mer än ett år och betraktade honom som en hjälpsam vän.

"Bernard tror inte att jag är redo att minnas vem Aaron är, sa hon med en drömmande blick i sina ögon.

"Vet Bernard vem Aaron är?" frågade jag.

"Inte säker. Jag har en känsla av att jag inte berättade allt om Aaron för Bernard och han vet inte varför jag åker till det där stället om och om igen. Varje gång jag kommer dit känner jag mig glad till en början, men efter ett tag börjar jag känna frustration ... utan att veta varför."

Petrina tystnade. Uppenbarligen var identiteten hos den person som kallades Aaron avgörande, men hon kände sig desperat varje gång hennes försök att minnas misslyckades.

"Femte juli är ett datum som dyker upp i mitt huvud, och jag vet inte varför. Jag har en låda därhemma där jag sparar gamla biobiljetter, och en av dem har datumet 5 juli 2010. Varje gång jag tittar på den biljetten, får jag en känsla som jag inte kan förklara. Jag börjar tappa andan och känner mig kvävd. Det är väldigt komplicerat. Och varje gång jag hör namnet på det här utbildningsföretaget som kallas PEACE Konsulttjänster, så får jag samma känsla som när jag ser biobiljetten. Alltid när företaget ger föreläsningar på ögonkliniken får jag samma känsla av att bli kvävd och fångad."

Det verkade som om jag kommit till en återvändsgränd med den unga kvinnan. Att döma av hennes berättelse verkade Aaron vara nyckeln till hennes minnesförlust, men hans identitet förblev ett mysterium.

Petrina suckade. "En del av mig vill veta vem Aaron är och vilken roll han spelar i mitt liv, men en annan del av mig säger 'nej' och att det är bättre att inte veta ..." Hon stirrade patetiskt på mig, och lade till: "Jag vet inte vad jag ska göra."

Jag tittade intensivt på henne under tystnad. Hon tycktes ha låst sig i en inre fysisk konflikt. För min egen del behövde jag mer tid att grunna över hennes problem och planera hennes framtida terapitillfällen.

Vid det laget var klockan 13:15 och jag avslutade behandlingen. Jag tröstade henne med att saker och ting skulle klarna allteftersom. Medan jag såg henne åka därifrån i sin brors bil, bad jag en tyst bön att hon skulle få vila hemma i lugn och ro resten av dagen.

Oturligt nog fick Petrina ännu en blackout den eftermiddagen. Den här gången var hennes blackout framkallad av en viss person. Hennes närmaste chef, Shirlene, hade ringt hem till henne och krävde att få veta alla detaljer om hennes medicinska tillstånd. Som chef kände hon att hon hade all rätt att känna till de medicinska skälen för hennes underordnades frånvaro, och om, från hennes chefsperspektiv, de skälen var tillräckligt allvarliga för att motivera en månads sjukfrånvaro. Petrina avslog hennes krav eftersom hon kände att det var ett intrång i hennes privatliv. Varför skulle hon ge ut personlig medicinsk information, som ju var konfidentiell? I försöken att klara av Shirlenes begäran gav hon henne mitt mobilnummer. Hon talade om för Shirlene att hon kunde ringa mig istället. Då hon inte fick som hon ville, hotade

Shirlene med att följa med Petrina till min mottagning under det kommande besöket för att få ut den medicinska informationen. Det hotet hade blivit för mycket för Petrina. Hon svimmade omedelbart. I samma ögonblick som hon vaknade upp ringde hon mig.

"Hej, Dr. Mack. Jag hade en kort blackout efter att jag talat med min chef, Shirlene. Hon hotade mig. Jag blir väldigt frustrerad när jag hör hennes namn men jag kan inte komma ihåg något av det som hände ..." snyftade hon.

Shirlene var samma chef som stenhårt avslog Petrinas ansökan om obetald tjänstledighet tidigare i maj 2010. Tydligen var hon själv frånskild. På basis av sina egna erfarenheter ansåg hon inte att Petrina behövde ta ledigt för att klara upp sin skilsmässa.

Den kvällen grubblade jag över Shirlenes ledarskapstil. Fastän jag aldrig träffat henne personligen var det tydligt att kommendering och kontroll av underlydande var en del av hennes agenda och att det innefattade nedsättande kommentarer och hot. Förmodligen var hon en *Napoleonarketyp,* tänkte jag. Det verkade som hon älskade att trampa på andra för att själv framstå i en bättre dager. Jag var inte säker på i vilken omfattning hon hade bidragit till Petrinas emotionella trauma, men hennes förmåga att framkalla en svimningsattack hos Petrina var verkligen formidabel. Kanske skulle aspekter av denna interpersonella konflikt komma upp från Petrinas omedvetna i ett kommande behandlingstillfälle.

Kapitel Fem
Förträngda minnen

Ett förträngt minne är som en störande inkräktare som blir utslängd från konsertsalen. Du kan kasta ut honom, men han kommer att fortsätta att banka på dörren och störa konserten. Analytikern öppnar dörren och säger, Om du lovar att uppföra dig, får du komma in.

— *Theodor Reik*

Det var onsdag och jag hade min återkommande öppenvårdsmottagning. Jag hade lagt om min operationsmottagning så att jag slutade ca. 15:00. Det skulle ge mig den tid jag behövde för ett tredje terapitillfälle med Petrina på eftermiddagen.

Det var lunch och jag satt några tysta ögonblick för mig själv. Medan jag reflekterade över vad som hänt under gårdagens behandling mindes jag att Petrina hade beskrivit en viktig inre konflikt. En del av henne var angelägen om att veta vem Aaron var därför att den kunskapen var avgörande för hennes tillfrisknande och välmående. Men en annan del av henne var fylld av rädsla för det okända och oro för att sanningen skulle ha ett allt för högt pris.

Mina tankar sökte sig iväg till mina forna utbildningstid då jag lärde mig att de patienter som upplevde inre konflikter var idealiska kandidater för "delterapi", en särskild metod inom hypnoterapin. Delterapitekniken använder sig av direkt kommunikation mellan terapeuten och de delar av patientens omedvetna som är involverade i att uppnå en konfliktlösning. I ett trancetillstånd kan dessa delar anta olika personligheter.

Förekomsten av de så kallade "delarna" inom oss finns där på grund av att olika modeller av vårt inre universum färgar vår uppfattning om livet och påverkar vårt sätt att vara. För var och en av dessa modeller utvecklar vi en motsvarande självbild och uppsättning känslor, beteende och kroppsspråk. Var och en av dessa konstellationer är en sorts minipersonlighet, som hypnoterapeuten kallar en "del". Faktum är att dessa delpersonligheter är psykologiska satelliter, samexisterande i den omgivning som utgörs av vår övergripande personlighet.

Jag hade en gång diskuterat begreppet och tillämpningen av "delterapi" med en kollega som var psykiater och han kunde starkt rekommendera dess användning. Hans erfarenhet var att om tekniken användes på rätt sätt kunde den spara psykoterapeuten månader av psykoanalytiskt arbete.

Petrina dök upp 15:20 på min mottagning. Jag tillbringade gott och väl femton minuter med att förklara tekniken för henne. Medan det kunde vara en fascinerande process att tala med delarna för terapeuten, kunde det vara en skrämmande upplevelse för den oförberedda patienten. I delterapi kan varje "del" av patientens omedvetna anta en annan personlighet, och, som sådan, tala med olika tonfall även om det är genom samma stämband.

Jag tog snabbt ner Petrina i ett somnambult tillstånd av hypnos och kunde kalla fram två delar. Det var en motstridig del som hade maskulin karaktär och en motiverande del som var feminin. Den motstridiga delen ville inte att Petrina skulle få tillbaka sitt minne och kallade sig själv VILSE. Den motiverande delen, som kallade sig själv GLAD, var angelägen att hon återfann sitt minne snart så att hon kunde bli glad. Mellan dessa två delar, Petrina och mig själv, höll de "fyra" av oss en kort och märklig diskussion.

Dr. Mack: Hej. Finns det någon del av Petrina som inte vill att hon ska få tillbaka sina

	förlorade minnen? Om du är där vill jag tala med dig.
Motstridig Del:	Jag är här.
Dr. Mack:	Vad heter du?
Motstridig Del:	Kalla mig Vilse. [Maskulin ton]
Dr. Mack:	Hej Vilse! Är du man eller kvinna?
VILSE:	Jag är man.
Dr. Mack:	Hur länge har du funnits hos Petrina?
VILSE:	Sedan hon var sex år gammal.
Dr. Mack:	Vilken är din uppgift hos Petrina?
VILSE:	Petrina är ensam och hjälplös. Hon vill ha uppmärksamhet. Hennes pappa tycker om att spela och Petrina är alltid arg. Hon mår inte bra nu. Jag är här för att hjälpa henne.
Dr. Mack:	Hur ska du kunna hjälpa henne, nu när hon har tappat bort minnet av Aaron?
VILSE:	[Paus] Tja ... Aaron är en trevlig man. Han älskar sin familj och han bryr sig om henne. Han har ett städföretag som heter Marissa Professionell. Han är mellan 27 och 28 år gammal och ogift. Petrina vill inte ha en relation utan vill vara lojal mot maken. Petrina tycker om honom men vet att hon inte kan fortsätta med honom. Aaron väljer att avsluta relationen och Petrina motsätter sig det.
Dr. Mack:	Hej, Petrina. Varför motsatte du dig beslutet?
Petrina:	Jag har inget val ... Jag gick in i en depression och försökte begå självmord på grund av Aaron.

Dr. Mack:	Nu vill jag tala med den del av Petrina som är angelägen om att hjälpa henne att få tillbaka sina minnen och göra henne glad. Är du där?
Motiverande Del:	Ja, jag är här. [feminin röst]
Dr. Mack:	Vad vill du bli kallad?
Motiverande Del:	Kalla mig Glad.
Dr. Mack:	Glad, hur tror du att du kan hjälpa Petrina?
GLAD:	Tja, Petrina är angelägen att få tillbaka sina förlorade minnen, men Vilse är emot det för Vilse tror att det är för smärtsamt och antagligen bra för henne att glömma dem helt och hållet.
Dr. Mack:	Men vilken är din åsikt? Tror du inte att ett sätt för Petrina att få tillbaka sin lycka är att få tillbaka sitt minne?
GLAD:	Ja, men Petrina vill inte själv träffa Aaron.
Dr. Mack:	Petrina, kan du tala till mig och förklara varför det är så?
Petrina:	[Paus] Jag försökte ringa honom dagen efter mitt självmordsförsök ... men han svarade inte.

Ur denna korta konversation verkade Petrinas berättelse växa i komplexitet och ovisshet. Vad som hade blivit allt tydligare var att den avgörande orsaken till självmordsförsöket inte enbart låg hos Joshua. Tillräckliga bevis hade framkommit för att misstänka att Aaron hade en betydelsefull roll i det. Olyckligtvis hade Petrinas inre konflikt inte lösts i behandlingen. Omedvetet hade hon bestämt sig för att inte vilja konfrontera Aaron. Jag spekulerade i om skälet kunde vara att Petrina hade upplevt några smärtsamma minnen med denne man, och att de var alltför traumatiska för att följa upp. Behandlingen avslutades här efter att jag integrerat de två delarna i Petrina.

Efter att hon kommit upp ur trance kom Petrina ihåg att hon ofta kände sig frestad att surfa på en webbsida som hette "Marissa Professionell" utan att ha den blekaste aning om den underliggande orsaken förrän nu. För första gången insåg jag verkligen vad Petrina menade när hon beskrev sin känsla av att "vara fången".

Jag föreslog en paus så att hon kunde gå till toaletten. När hon kom tillbaka erbjöd jag henne att fortsätta terapin.

Petrina togs ner i trance igen, och denna gång gick hon tillbaka till sin arbetsplats på ögonkliniken med sin chef, Shirlene. Till en början guidade jag hennes föreställningar, men snabbt tog hon berättarens roll.

"Hon är en tyrann ... tvingar människor att göra saker de inte vill."

"Var är du nu?"

"Jag är på mottagningen, sorterar räkningar. Mottagningen är stängd. Jag har en hel hög med räkningar som ska sorteras. Klockan är redan 20.30 ..." Hon pausade.

Petrina arbetade tidigare i en skönhetssalong som tillhörde en stor affärskedja och hon klarade sig bra som försäljningschef. Men påfrestningarna av hennes misslyckade äktenskap och hennes sviktande hälsa gjorde att hon valde att lämna företaget i början av 2010 för att arbeta på en sjukhusmottagning för en lägre lön. Receptionen på mottagningen hade två kassor - inskrivning och betalning. Så vitt jag visste, kunde arbetsbördan vid den första kassan vara extremt tung vissa tider.

"Jag är fortfarande på mottagningen." Hon suckade. "Min man har ringt. Han väntar på mig utanför. Han vill att jag ska skriva på ett papper som innebär att han inte ska betala mig någonting efter skilsmässan." Hennes ögon började tåras.

"Jag har så mycket att göra. Det är några andra receptionister som sitter vid kassan ... och de fick hjälp ... men jag är ensam."

Tårar började trilla nerför hennes kind. "Joshua tvingar mig att gå därifrån ... fastän det är så mycket att göra. Jag kan inte gå ... Jag måste ringa patienter för att boka in deras kommande besök. Varför är det så att de andra två receptionisterna vid disken inte hjälper mig? Är det för att deras chefer är av samma etniska grupp?" Hon började gråta.

"Det är mitt jobb ... Jag håller med om att jag måste göra det, men jag håller inte med om uppdelningen. Det är bara det att den andra receptionisten inte gjorde ett bra jobb och kön har blivit längre. Det är 300 patienter ... bara två kassor. Jag begriper det inte ... det är bara 20 inskrivningar och de behöver inte tre receptioner ... En av dem kunde byta till betalning. Jag får göra allt själv ..." Hennes röst lät bedrövad.

"Vad hände sedan?"

"Joshua tvingar mig. Jag måste gå. Ingen bryr sig om att hjälpa ... Det finns inget lagarbete. Jag bröt ihop. De ringde min chef. Jag förklarade för henne att jag inte kunde komma och arbeta imorgon .... fysiskt och psykiskt utmattad. Jag behöver ta ledigt. Min chef säger: Varför kommer du inte hit imorgon, så kan vi prata? Ge mig bara en vecka att lösa mina fysiska och psykiska problem så kommer jag tillbaka till arbetet ... Det är annorlunda. Hennes man var inte otrogen ... misshandlade henne inte. Hur ska man jämföra? Det gäller ju bara en vecka ... och så svårt att få." Hennes röst var ångestfylld. "Jag sa henne att om det är så, då lämnar jag in min avskedsansökan. En månads uppsägning, så kan jag vila hemma ... i övermorgon."

"Jag kom tillbaka ... hon säger samma sak. Jag är så trött. Inget val. Jag vill ta en vecka ledigt för att ordna skilsmässan. Men hon vill inte hjälpa mig. ... Jag klarar det inte. Hon hatar mig ... säger att jag hotar henne Hon säger: 'Om du hotar mig kommer jag att avskeda dig. Lita på mig, fokusera på ditt arbete så kommer allt att ordna sig.'"

"Jag började få blackouter oftare. Ständiga blackouter under lunchrasterna. Jag begär förflyttning ut från den subventionerade mottagningen till ett lättare ställe. "

"Jag behöver ledigheten ... Jag behöver vila." En ton av förtvivlan fanns i hennes röst. "Hon kallade in mig till sitt rum. Hon säger att hon är besviken. 'Du presterar uruselt,' säger hon. Jag försökte resonera med henne. [paus] Jag behöver vila. Jag hatar tanken på att hon tvingar mig. Bara en veckas ledighet ... så svårt. Jag behöver vila så mycket. Jag berättade för henne för att jag anar att mina personliga problem har påverkat mig. Jag kan inte fokusera. Varför blir det inte beviljat? Om det påverkar bonusen, må så vara ... Jag behöver vila. Hennes svar är fortfarande nej." Petrina började snyfta.

"Min lunchrast är mellan 13:00 och 14:00. Ibland är den bara en halvtimme. En gång är det 50 patienter och bara en tillfälligt insatt personal som inte kan någonting. Jag måste sköta allt själv. Jag säger till mig själv att jag kan ta hand om det, men varför arbetar jag så hårt? Ingen kommer att uppskatta det. Jag kommer aldrig, någonsin tigga och be någon för bara en vecka ... att det ska vara så svårt att få en veckas obetald ledighet. Jag sa henne att jag ville ha ett annat sätt att hantera stress.. Låt mig få en kort semester och reda ut mina emotionella problem så kommer jag tillbaka sedan ... Hon brydde sig inte. Jag börjar undra ... ska jag vara den som är besviken på henne?

"Jag får klistra på leendet och gå till jobbet. Jag kan inte berätta för mamma. Måste hålla minen inför min pappa (styvpappa) också.

"Jag svimmade utanför cancercentrat. Hon (Shirlene) sa: 'Du skämmer ut dig. Du kan inte skylla på någon annan för det som händer idag!' Vid det tillfället hade jag precis gjort en abort. Jag behöver vila. Hon säger: 'Jag gjorde liknande saker förr och jag går fortfarande till jobbet. Jag klarar det, du klarar det. Jag har gått igenom det.'

"Jag sa till mig själv ... Varför inte bara vila och inte vakna upp? Jag är så trött. Lönen är usel och hon förväntar sig att jag ska arbeta så många timmar. Hon säger: 'Ditt förra jobb var dygnet runt, hela veckan,' ... Men det var $2100 på det förra jobbet mot min nuvarande lön på $1300. Jag vill inte ha övertid ... Obetald ledighet inte beviljad. Vad ska jag göra? Hon medgav att hon var den som satte press på mig."

Vid det här laget gick Petrina in i ett tillstånd av total katharsis.

Jag lät några minuter passera så att Petrina kunde gå igenom de starkaste känslorna. Under min utbildning hade jag fått lära mig att emotionell ångest, om den inte fick utlopp, lagrades och byggde upp ett tryck på kroppens system. Ju större utloppet av negativa emotioner, ju större blev känslan av lättnad från symptomen.

Den intensiva regressionsterapin hade varit svår både för Petrina och mig. Jag avslutade behandlingen. Vi kände att vi båda behövde en paus och vi kom överens om att återuppta terapin i början på kommande vecka.

Det som var oroande var att Petrinas svimningsanfall fortsatte trots den intensiva terapin. Med tanke på det kände jag att jag behövde komma på ett sätt att avgöra hur täta och allvarliga hennes blackouter var. Jag frågade henne om hon kunde göra mig tjänsten att skriva ner svimningsattackerna så att jag hade en förteckning på hennes framsteg. Hon överraskade mig med att säga att hon hade för vana att skriva dagbok sedan hon var barn och att hon lätt kunde göra en förteckning inte bara på sina blackouter utan också på alla relevanta symptom och känslor. Jag blev upprymd. Att föra dagbok skulle sannolikt vara ett användbart stöd i hennes läkningsprocess. Att skriva dagbok skulle låta henne uttrycka sina innersta känslor och tankar vilket i sin tur skulle stimulera hennes medvetenhet och mentala klarhet. I slutänden skulle detta ge form och innehåll åt hennes känslor. Jag uppmuntrade henne omedelbart att fortsätta med sin vana. Nu hade hon en särskild plats att skriva ned de känslor som kunde vara för smärtsamma eller skamliga för att dela med andra.

Petrina avslöjade att med hennes sviktande hälsa hade hennes vana att skriva dagbok avbrutits, men det var meningen att det bara skulle vara ett tillfälligt avbrott. Faktum var att hon nyligen hade bränt sin förra dagbok för att hon ville utplåna vissa individer från sitt minne. Men hon hade inga invändningar mot att återuppta sitt dagboksskrivande. När allt kom omkring, så hade hennes minnesförluster varit så socialt invalidiserande att hon kände ett behov av att dokumentera en del av sin vardag och sina känslor som en referens att falla tillbaka på, när hon hade behov av att minnas. Dagboken blev en pågående redogörelse för hennes upplevelser och erfarenheter, och jag kände att den skulle ge plats för henne att notera de steg hon tog för att hjälpa sig själv.

Klockan var 17.50. Jag avslutade behandlingen och, liksom föregående dag, följde jag Petrina till bilparkeringen. Trots att hon just hade genomgått en tung katharsis, kunde hon samla sig till ett leende innan hon for.

Kapitel Sex
Rösten inifrån

Livet är svårt.
Detta är en stor sanning, en av de största.
Det är en stor sanning, för så snart vi inser denna sanning, kan vi överskrida den.
Då vi verkligen inser att livet är svårt–
då vi verkligen förstår och accepterar det–
då är livet inte längre svårt.
För när det en gång accepterats,
spelar det faktum att livet är svårt inte längre någon roll.
– M. Scott Peck

De närmaste fyra dagarna kom att vara en mycket svår tid för Petrina, både emotionellt och fysiskt. Fastän hon vilade hemma bombarderades hon ständigt med flashbacks. Hon hade köpt en ny dagbok och återupptog sitt dagboksskrivande. Detta var en välsignelse för nu kunde jag ha uppsikt över hennes framsteg.

På torsdag morgon, den 2 december, vaknade Petrina upp yr och illamående. Hon åt en lätt frukost ungefär kl. 9:00. Då hennes illamående inte försvann gick hon till sängs igen. Precis innan hon lade sig ner på sängen, hörde hon ett ringande ljud i båda öronen igen. Hon la sig ner omedelbart. Nästa sak hon hörde innan hon fick en ny blackout var följande ord:

"Petrina, det är du som har tjatat om det! Jag har sagt dig så många gånger att om jag klarar det, så kan du också klara det! Alla dina hälsoproblem du har nu har du själv orsakat, det du har gått igenom har jag gått igenom före dig! Allt det här bryter ner dig! Att göra allt detta kommer att påverka dina prestationer! Jag är väldigt besviken på dig! Att vila hjälper inte; ledigheten kommer inte att hjälpa dig! Lita på att du kan göra det utan ledigheten. Du ska inte tillåta dig att tänka på det; det kommer snart att vara över!"

Rösten lät bekant och den tycktes tillhöra hennes chef Shirlene. Hon ogillade rösten. "Den får mig att känna mig frustrerad, hjälplös och snärjd, som om jag var tvingad att göra sådant som jag inte vill ..." skrev hon i sin dagbok.

Kort efter att hon lyssnat till rösten förlorade hon medvetandet och försvann in i en djup sömn under flera timmar. Hon vaknade upp kl. 14.00 och kände sig vilsen. Hon kunde vare sig minnas någonting om de tre senaste terapitillfällena eller sin chef Shirlene. Hon var frustrerad och orolig att hennes tillstånd hade förvärrats. Hon ringde mig för att dela med sig av sin nedslagenhet. Som förut var jag noga med att ingjuta hopp och försäkra henne att hennes tillstånd var under kontroll och bara behövde tid för att förbättras.

Saker och ting ljusnade. Kl. 15.30 kom det ett gratulationssamtal till henne från hennes kollegor. Personalavdelningen hade nyligen hållit sin första "Hemliga Kunden"-tävling i gott bemötande. Tydligen hade Petrina vunnit och hennes fotografi hade satts upp på väggarna överallt på ögonkliniken. För en stund var hon så lycklig över sin prestation att hon glömde sin tidigare känsla av frustration.

Femton minuter senare fick hon ett gratulationsmail med ett bifogat foto från en kollega. När hon öppnade bildfilen, kom all hennes frustration, ilska, känsla av att vara snärjd och hjälplös tillbaka!

Det föll sig så att det var två prisvinnare, och den andra vinnaren var hennes chef, Shirlene. Det ironiska var att de två personfotona sattes upp sida vid sida i kungörelsen! Petrina svimmande vid åsynen.

Jag var både brydd och frustrerad. Varje ny svimning kunde medföra ytterligare förlust av närminnet. Dessutom tycktes varje ny blackout öka på känslan av hjälplöshet, som om alla hennes ansträngningar i terapin hade varit fruktlösa.

Kl. 18:45 vaknade hon upp och mådde mycket bättre. Men hon kunde inte minnas mycket, inte ens vad hon hade ätit till frukost samma morgon. Hon var rädd och började undra om hon skulle komma att glömma allt och alla. Hon öppnade sin dagbok och började skriva igen. En del av hennes dagboksanteckningar har återgetts som kursiv text nedan och längre fram i denna bok.

Torsdag, 2 december
⇨ *23:45*
Jag är fortfarande vaken och rädd att somna och vakna upp nästa morgon och ha glömt igen... Lyssnar på min favoritmusik och hoppas komma ihåg mitt senaste minne så som jag alltid brukar göra varje kväll innan jag går och lägger mig. Kropp och själ känns trötta, men jag har ingen aning om hur jag ska kunna sova utan sömntabletter och ångestdämpande. Det är 3 år sedan jag verkligen sov. Jag börjar undra om det vore ett bättre alternativ att verkligen gå in i ett djupt sömntillstånd; det är då jag verkligen får den vila jag behöver. Å andra sidan, när jag tänker på min familj och att jag har mycket som jag måste utforska i världen, så kan jag ju inte ge upp ... förvirrad, vill inte tänka på någonting, ville gråta, inget kom ... kunde inte gråta, som när jag var liten.

Det här är inte jag. Jag vill hitta den självsäkra, glada, positiva Petrina men som dagarna går börjar jag känna det som mitt minne försvinner mer och mer verkar som det blir värre. Kanske det bara är det att jag inte kan slappna av, inte hitta min inre frid. Bara be att jag inte vaknar imorgon med mer minnesförlust.

Petrina sov inte bra den natten och väcktes två gånger av två olika röster. Ungefär kl. 4:00 hörde hon en mansröst som lät som hennes make, som sa:

"Jag älskar inte dig längre! Skälet till att jag är fast med dig är dina pengar, dumma kvinna!"

Vid 7:00 nästa morgon vaknade hon igen och kände sig yr och illamående. Hon klöktes, men inget kom upp. Det var en hemsk tid. Resten av dagen var hon tvungen att kämpa mot sömnstörningar från sina hörselhallucinationer.

Ungefär kl. 10:00 väcktes hon av Shirlenes röst som talade om för henne hur besviken hon var på hennes prestationer. Röstens meddelande lade ytterligare tyngd på hennes mentala stress då hon redan bar redan en tung emotionell börda. Kort efter det hörde hon en maskulin röst säga: "Petrina, du är trött ... du borde släppa taget ... Låta dig somna djupt..."

Petrina vaknade ungefär kl. 14:00 och kände sig trött förutom att hon var yr och illamående. Symptomen avskräckte henne från att röka och hon trodde att det var bra för henne. Hon fortsatte sova och vaknade igen kl. 21:30, fortfarande trött.

Hon sov inte gott. Hon kunde höra sin mor packa i sovrummet och vardagsrummet fastän hon förmodligen sov. Senare samma kväll berättade hennes mamma dåliga nyheter om mostern (Fig. 1). Hennes hälsa hade försämrats. Hon led av långt gången bröstcancer, och nu hade metastaser spridit sig till andra organ. Hon hade avböjt kemoterapi av kostnadsskäl, för att kunna spara pengar till barnens utbildning. Det var nedslående. Petrina tyckte att det var alltför många tragiska omständigheter samtidigt.

*****

På lördagen vaknade Petrina kl. 7:00 med tungt hjärta. Hon hade upplevt korta minnesbilder av Joshua och Hazel.

Hazel var en euroasisk flicka som hade varit Petrinas bästa vän tills hon förstod att hon hade en otrohetsaffär med Joshua. Efter det beslöt Hazel att migrera till Kanada. Petrina hade varit ovetande hela tiden och till och med kommit hem till henne för att hjälpa henne packa inför resan. Medan hon packade i sovrummet hade hon av misstag råkat se ett foto som visade hennes make och Hazel i en intim situation. Från det ögonblicket insåg hon sveket mot deras vänskap. Efter detta ögonblick kunde hon inte tala om upptäckten av fotot på Hazel och Joshua utan att bli väldigt upprörd.

Härnäst fick hon en flashback av sig själv när hon utan framgång bad Shirlene om obetald ledighet för att få vila upp sig. Det var första gången i sitt liv som hon hade svalt sin stolthet för att be om hjälp och likväl fick hon avslag. Det var också första gången hon fått ett emotionellt sammanbrott på sin arbetsplats.

Lördag, 4 december
⇨ *7:10*

Jag minns att jag inte är den som fäller en enda tår i närheten av människor som inte står mig nära. Ändå, med all press jag har gått igenom trodde jag att det var dags att få vila, jag har lång väg att gå. Det har varit väldigt jobbigt att hålla masken och le på jobbet, men jag känner mig ledsen, frustrerad, vilse och hjälplös.

Gissar att Shirlene omedvetet har ökat trycket på mig. Kanske hon menar väl, men alla kan inte hantera stress på samma sätt som hon. När jag tänker på det, kommer all frustration och känslomässig instabilitet tillbaka ... Hennes så kallade omtanke och oro för mig handlar bara om att visa den andra personalen att hon bryr sig men det verkar falskt för mig!

Jag har kommit till en vändpunkt där det inte är värt att göra mig själv så olycklig. Varför inte bara glömma allt, inte tänka på något. Eftersom jag inte hittar någon lösning ... Jag måste komma framåt. Vare sig jag vill eller ej, det är så livet är.

Vid 9:00 försökte Petrina ringa till sin ingifta moster. Tidigare hade henne mamma bett henne hämta en biobiljett, och hon ville försäkra sig att hennes moster skulle komma med. Men plötsligt hade hon glömt syftet med att ringa och kände att hon inte längre visste vem hon var. Detta oroade henne. Sedan rationaliserade hon för sig själv. Det var nog för att de inte träffades så ofta, tänkte hon. Oturligt nog började det ringande ljudet i öronen igen och hon fick en ny blackout.

Denna gång varade blackouten två och en halv timme och ingen i huset märkte något. Hennes bror sov djupt hela tiden. Så småningom vaknade hon upp ca. kl. 11:50 i vardagsrummet med en svår huvudvärk och en känsla av att vara försvagad. Men hon kunde fortfarande dra sig till minnes vissa saker och tröstade sig med att hon nog var på bättringsvägen.

Petrina bodde i samma rum som sin andra bror i en överfull lägenhet. Han arbetade på personalavdelningen och hade börjat studera för en examen. Hon skulle ha väckt honom i tid för lektionerna den eftermiddagen men till sin förtvivlan hade hon fullständigt glömt bort det!

Lördag, *4 december*
⇨ *15:02*
Känner mig inge' vidare, gillar inte känslan. Ju mer jag säger till mig själv att jag vill ha tillbaka mitt minne, ju mer verkar det som jag glömmer. Kanske jag pressar mig för hårt.

Vid det här laget hade jag insett att Petrina inte var den som gav upp så lätt. Hon hade en hel massa motståndskraft och tycktes kapabel att modigt rida ut stormar. Hon hade för vana att uppdatera mig regelbundet via SMS-meddelanden och jag tog ofta tillfället i akt att ingjuta hopp i mina svar. Kl.18:40 skickade jag Petrina ett meddelande.

"God kväll... Jag tror att varje förbättring, stor eller liten, innebär ett stort steg framåt. Håll humöret uppe. Var övertygad om att du är på bättringsvägen, och snart tillbaka på ditt jobb."

"Tack, Dr. Mack. Jag ska bli bättre."

Saker och ting tycktes ha kommit till en vändpunkt senare samma kväll. Vid 21:00 hade Petrinas känsla av välbefinnande ökat. Hon var klarvaken och, förvånansvärt nog, inte alls trött. Hon var helt fri från känslan av att vara omtöcknad. Äntligen fick hon uppleva känslan av hur det var att vara normal. Hon kände sig mer optimistisk.

Klockan ringde. Den var 3:00 på morgonen. Hon var klarvaken utan att känna sig det minsta trött. För en liten stund var hon osäker på om det var för att hon sovit för länge under eftermiddagen eller om det var för att hon hade blivit betingad av rädslan för att förlora ytterligare minnen varje gång hon vaknade upp ur sin sömn.

Hon tog fram sitt fotoalbum och grubblade över den trasiga relationen med Joshua. Hon sörjde över utgången av sitt äktenskap och hur hennes hälsa underminerats som en följd av det. Inget av det hon hittills gjort tycktes ha förändrat något. Hon kände sig "fångad" i en situation där priset för att ändra riktning i hennes liv tycktes alltför högt. Hon kände det som om hon satt fängslad utan möjlighet till frigivning.

Senare då hon satt och sörjde sitt misslyckade äktenskap, började hon rita (Fig. 2). Tidigare hade jag uppmuntrat henne att använda förmågan till konstnärligt uttryck i hopp om att det skulle ge henne en möjlighet att få utlopp för sina emotioner. Jag hade lärt mig i min utbildning att processen att expressivt uttrycka sina emotioner i sig själv hade terapeutiskt värde. Föga anade jag att denna process skulle bli ett kraftfullt verktyg i hennes tillfrisknande.

Fig. 2: "Vacker men trasig"

Många av Petrinas uttrycksfulla teckningar finns återgivna i denna bok för att de representerade hennes känslostämningar väldigt precist. Medan jag varje gång iakttog henne på min mottagning, upptäckte jag snart att en del av dessa konstverk var produkter av hennes omedvetna och hade en underförstådd, symbolisk betydelse. Tidigare hade jag undrat hur jag på bästa sätt skulle förstå hennes inre värld, och det verkade som om jag nu hade stött på en rimlig metod.

Fig. 3: "En önskan som aldrig går i uppfyllelse"

Medan Petrina uttryckte sina emotioner i konstform under de tysta morgontimmarna fick hon en känsla av osäkerhet. Det var som när Demeter i den grekiska mytologin vandrade omkring i ett fruktlöst försök att hitta sin försvunna dotter Persefone. Hon var nedslagen över sitt beslut att gifta sig ung och var osäker på vad hon skulle göra med sitt liv framöver. Den dysfunktionella relationen mellan hennes föräldrar avskräckte henne i unga år och hon hade hoppats att försäkra sig om något annat genom att trygga ett lyckligt äktenskap åt sig tidigt i sitt liv.

Hon och Joshua var tonårsvänner och hade känt varandra i tretton års tid då de bodde i samma område. Trots många gräl och oenigheter bestämde de sig till slut för att ödet hade ämnat dem åt varandra och gifte sig. Hon kunde aldrig drömma om att hennes äktenskap skulle krascha.

Vad som var anmärkningsvärt i detta skede var det sätt på vilket hon talade om sin ånger över vänskapen med Aaron vis-à-vis sin make.

Söndag, 5 december
⇨ *2:52*
Jag tittar igen på mina bröllopsfoton. Det är som om mitt hjärta blöder inuti min känsla är så stark, precis som till Aaron, men ändå känns det lite annorlunda ... Mot min make kände jag en sorts förräderi men med Aaron är det bara ånger. Försökte att inte tänka på Aaron men på något sätt under de sista timmarna får jag minnesbilder av mig själv med en lång, solbränd man. Ingen av mina vänner ser ut på det sättet ...Var det inbillning eller är denne man Aaron? När jag tänker på honom får jag svindel igen ...

Den exakta beskaffenheten av hennes relation till Aaron var fortfarande dold för mig men det skulle visa sig vara något som hon och jag tillsammans nystade upp under kommande vecka. Samtidigt som hon avslutade den sista meningen i de tidiga morgontimmarna började det ringande ljudet i öronen igen. Yrseln kom tillbaka följd av en mansröst som sa: "Du är den sista jag någonsin skulle såra." Efter det hörde hon sig själv svara: "Men du har redan sårat mig!" Den dialogen lät bekant– den tycktes vara identiskt med den dialog jag hade hört tidigare från Petrina.

Vad som följde omedelbart efter detta var hennes chefs röst som tillrättavisade henne för att hon hade åsamkat sig sina hälsoproblem. Shirlenes röst hade fortfarande en väldigt negativ effekt. Denna gång fick Petrina en blackout som varade i sju timmar när hon hörde rösten. Hon försjönk i djup sömn och när hon vaknade ungefär kl. 10:00 nästa morgon var hon rädd att berätta om det för sin mamma. Varje gång hon hörde Shirlenes röst eller hennes namn blev hon upprörd och kände sig frustrerad, arg, fångad och hjälplös (Fig. 4). Denna gång kände hon sig mer optimistisk då hon kunde komma ihåg saker efter att hon vaknat upp.

Fig. 4: "När skulle hon sluta plåga mig?"

Hennes upplevelser under resten av dagen var inte behagliga. Rösterna fortsatte att plåga henne emotionellt. Under lång tid var det en allmänt accepterad tanke att hörselhallucinationer var patologiska och tecken på mentalsjukdom. Men under den korta tidsperiod som jag hade interagerat med Petrina kände jag intuitivt att det var annorlunda i hennes fall. Intressant nog hade hon genom sina prövningar förmått känna igen sin egen inre röst bland de övriga andra röster hon hade uppfattat.

Söndag, 5 december
⇨ *13:17*

De senaste timmarna har jag hört röster. "Tänk inte på Shirlene. Det är hon som lägger mer press på dig. Det gjorde att du hamnade i detta tillståndet och låt henne inte vinna över dig. Hon är en hycklare! Hon vet vad du går igenom men pressar dig ändå."

Petrina höll sig vaken igen till kl. 1:00 eftersom hon bombarderades med snabba bilder och röster. Denna gång hade hon huvudvärk samtidigt med hallucinationerna. Det var mycket tröttsamt och hon undrade när problemen skulle gå över. Slutligen föll hon i sömn och vaknade på gott humör vid 9:20 följande morgon.

Det var en solklar morgon måndagen 6 december. Hon var utvilad och glad och turbulensen av de mentala upplevelserna dagen före låg bakom henne. Hon mindes att hon hade bokat ett besök hos mig på eftermiddagen för sin fjärde behandling och hon såg fram emot den.

Hon lämnade hemmet tidigt för att gå till personalavdelningen för att klara upp några saker. Hon kom ihåg att en kollega hade ringt för att gratulera henne till hennes vinst av kund-bemötandetävlingen under helgen. Hon kom till personalavdelningen kl. 13:00 för att ta emot sitt pris – ett presentkort värt $10. Samtidigt hämtade hon sin lönecheck. På vägen såg hon att hennes bild var uppsatt på alla hissarna i avdelningsbyggnaden och kände sig väldigt uppåt. Men inne i en av hissarna såg hon Shirlenes foto sida vid sida av bilden på sig själv. Detta framkallade omedelbart rösterna i hennes vänstra öra och varnade henne för en överhängande svimningsattack. Som tur var, var hennes mor med henne och hon kunde övervinna symptomen snabbt utan att svimma. Hon promenerade raskt över till min avdelning och kl. 13:45 förvarnade hon mig med ett SMS om sin ankomst.

Hon verkade besvärad och jag hjälpte henne utan dröjsmål till en stol. I mitt mottagningsrum delade hon med sig av en av sina mentala upplevelser under weekenden.

Hon hade haft en "vision" av en man som var lång och solbränd som gick in i en biosalong. Hon var osäker på hans identitet. Hon hänvisade till sina bröllopsfoton och mannen såg inte ut som hennes make. Beskrivningen passade på Aaron men hon kunde inte bekräfta att det var han. Dessutom hade hon, sedan sist, hittat Aarons namn och telefonnummer i sin databas, men en oförklarlig kraft hindrade henne från att ringa honom. Hon var helt enkelt inte redo att slå numret.

Medan jag förberedde britsen för nästa terapitillfälle ursäktade sig Petrina för att gå till toaletten. Flera minuter senare hörde jag ljudet från någon som föll omkull precis utanför mottagningen.

Mitt mod sjönk ...

Kapitel Sju
Förtvivlans djup

Precis som när kroppen hamnar i chock efter ett fysiskt trauma, så hamnar det mänskliga psyket i chock efter en stor förlust.
— Anne Grant

Då jag hörde ljudet skyndade jag ut ur mitt rum. Och hör och häpna, Petrina låg på golvet i korridoren, medvetslös och orörlig. Hon hade fallit offer för en svimningsattack. Det blev uppståndelse på mottagningen och flera sjuksköterskor sprang till platsen.

Under några sekunder var jag helt förstummad. Som tur var hade en annan patient som satt i väntrummet sett blackouten och hur hon sjönk ner på golvet och landade på högra axeln. Hon försäkrade mig att Petrina inte hade slagit i huvudet i fallet. Jag kände mig en smula lättad.

Hon förflyttades till undersökningsrummet och jag gjorde en snabb undersökning för att försäkra mig om att hon inte hade fått några synliga frakturer eller fysiska skador i fallet. Därefter lät jag henne vila. Hon började så sakteliga återfå sansen. Under tiden försäkrade jag sjuksköterskorna att det inte var första gången hon svimmade och att hon redan börjat hämta sig.

Flera tankar flög genom min hjärna medan jag väntade. Petrina hade haft en ansträngande helg och hade modigt berättat om sin emotionella turbulens. Hon tycktes uppleva en blackout varje gång förbättringen verkade vara i antågande. Det var ett betungande ansvar att se efter någon som behövde enträgen uppmärksamhet och ständig övervakning. Jag hade ändrat mitt schema för att kunna tillgodose hennes behov. Men jag började tvivla på om jag skulle vara tillräckligt uthållig.

Minuterna gick ... Gradvis rörde hon sina ben och öppnade ögonen långsamt. Det kändes som det tog hela eftermiddagen.

Efter att hon samlat sig berättade Petrina att hon upplevde att hon "blev kvävd" i det ögonblick hon kände sig svimfärdig. Efter en stunds överväganden bestämde hon sig för att hon fortfarande ville ha terapibehandlingen.

För egen del tvivlade jag. Skulle det vara bättre för henne att skjuta upp terapibehandlingen till en annan dag? Men hon var bestämd. Dessutom blev jag nyfiken på hennes nya symptom att "bli kvävd." Intuitivt kände jag att något av yttersta vikt höll på att hända. Jag gick med på att fortsätta.

"Slut dina ögon och ta ett djupt andetag. Fokusera ditt medvetande på känslan av att kvävas ..." började jag mjukt.

Som genom ett trolleri gick Petrina tillbaks ner i trance och regredierade snabbt tillbaks till en överraskande händelse.

"Han slår mig. Det är Joshua ..." Hon lät rädd på rösten.

"Berätta vad som händer."

"Bältet ..." Tårarna vällde fram i hennes ögon. Jag var förbryllad.

"Han slår mig med sitt bälte ..." fortsatte hon, vilket förvånade mig. En berättelse om brutalt våld och fysisk misshandel hade just kommit fram och jag var inte beredd på det.

"Vad hände sedan?"

"Jag kan se Hazel och honom i säng. De svek mig. Jag slängde ut Hazel ur huset ... Jag har inte gjort något fel." Tårarna började rulla nerför hennes kinder.

"Vad känner du just nu?"

"Hat," sa hon bestämt.

"Vilka tankar följer med känslan av hat?"

"Jag älskar honom så mycket och han svek mig." Hon började gråta.

I störtvågen av känslor började en annan berättelse ta form.

"Han använde bältet för att slå hunden också ... den blöder." Senare fick jag veta att Petrina hade två hundar hemma och att en av dem ömkligt brukade krypa upp till henne efter att den fått stryk. Den andra hunden hade rymt hemifrån och hade aldrig återfunnits.

"Vad hände sedan?"

"Han gick hemifrån," fortsatte hon. "Jag gick för att hämta hjälp, men jag vill inte att han ska få problem. Jag tänkte att om jag ger honom en chans så kommer han att förändras. Han använder bältet för att slå mig när han är arg. Han ville bara ha mina pengar ... det är allt. Han kom inte tillbaka ... och jag väntade." Hon var i ett tillstånd av katharsis.

"Vad gjorde du när han inte kom tillbaka?"

"Jag gick hem till Hazel. Jag såg dem tillsammans i arkaden. Jag följde efter dem till bilen och frågade: 'Varför?' ... Det är hon som driver på alltihop ... Han säger: 'Jag behöver inte dig längre.' Jag har varit sju år i ett tomt äktenskap. Han tryckte mitt huvud mot bilrutan. Jag började blöda från vänster sida av pannan ... Jag gick tillbaka. Jag har aldrig bett honom om något så här förut." Hon fortsatte snyfta.

Det blev en lång paus. Plötsligt började hon berätta om en annan händelse.

"Det är så mycket att gå igenom. Min chef är inte hjälpsam. Hon sa till mig: 'Det du har gått igenom, har jag gått igenom.' Hon förstår inte. Det är så svårt att få vila. Det är bättre att sova och inte vakna upp.

"Hon sa att jag är värdelös. Det är OK för mig att arbeta och dig att ge mig ledigt, men du har inte rätt att förolämpa mig. Hon sa: 'Det är ditt eget fel. Det är ditt val. Dina svimningsanfall beror på att du röker för mycket. Skyll inte på någon annan.' Hon använde väldigt sårande ord.

"Jag har arbetat så hårt för henne och ändå uppskattar hon det inte. Jag brukade ta hand om mellan sextio och sjuttio inskrivningar och faktureringar utan att klaga. Det är så här du belönar mig. Jag sa att det finns ingen av de yngre kassörskorna som klarar av att ta hand om sjuttio patienter som jag ... Hon säger att jag hotade henne. Jag sa till henne att eftersom du inte ser saken på samma sätt som jag, så vill jag förflyttas. Hon svarar: 'Det är ditt eget fel. Du behöver ingen ledighet.' Jag undrar vad är ögonkliniken till för? Kommer den att kollapsa efter en vecka utan mig? Jag tycker att hon är självisk. Hon tänker bara på sig själv och utnyttjar andra människor. Hon sa: 'Jag är besviken på dig. Dina prestationer är urusla.'

"Det är bara att se glad ut och gå till jobbet varje dag. Jag börjar göra misstag ... Jag är så trött. Måste jag kontakta arbetsdomstolen för att få ledigt?" Hennes röst tunnades ut och hon tycktes allt mer desperat.

Det blev en lång paus.

Plötsligt, gråtande, kom hon tillbaka in i historien med Joshua. "Åh ... Slå mig inte! Joshua slår mig. Jag förstår inte..." Petrina kom ut ur hypnosen med ett skräckslaget uttryck i ansiktet.

Det emotionella traumat verkade vara väldigt djupt; antagligen var det alltför smärtsamt för att fortsätta. Jag väntade en lång stund så att hon skulle återfå medvetande helt och hållet innan vi började prata. Hon kom ihåg varje detalj av det som hon beskrivit i trance. I medvetet tillstånd kunde hon fylla i luckorna i hennes livsberättelse.

"Jag glömde tvätta hans kläder en dag och då band han mig i sängen för att slå mig," (Fig. 5) berättade hon överraskande lugnt. "Jag vågade inte gå hem till min mamma på tre år på grund av bältet. Jag ville inte polisanmäla honom heller. Om han får problem får min svärmor också problem. Om han kommer i fängelse kommer min svärmor att kollapsa. Hon är gammal och Joshua vet min svaga punkt.

"Jag lämnade honom och bodde med min mamma från maj 2010 för jag klarade inte av smärtan längre. Min svärmor är åttio år gammal och måste fortfarande arbeta som diskare i en restaurang för att få en inkomst. Hon bor med Joshua. De senaste månaderna har hon förstått att Joshua har misshandlat mig. Hon föreslog att jag skulle göra en polisanmälan men jag ville inte. Hon säger att hon hellre bor ensam än tillsammans med en sådan skamfläck till son."

Det var en hjärtskärande berättelse. Det var svårt för mig att föreställa mig hur någon kunde bete sig så grymt mot sin egen hustru. Senare fick jag veta att Joshuas sadistiska metoder gick utöver användningen av bältet. Han använde ett baseballträ som först hade legat i isvatten och som han sedan lade på Petrinas sår efter att han piskat henne. Hon led hjälplös i sin smärta. Ibland brukade han med våld tvinga hennes händer mellan isblock tills hon skrek av smärta. Tillslut började skinnet på händerna lossna som ett resultat av köldskadorna.

Fig. 5: "Jag tvättade inte hans kläder och då band han mig"

Efter att ha torkat sina tårar verkade Petrina ha fått större insikt i sin rädsla för bältet och känslan av att "vara fångad". Innan vi avslutade behandlingen tog hon fram sin dagbok ur handväskan. Det var en söt, inbunden dagbok med ett vackert och konstfullt omslag. På övre vänstra hörnet av varje sida fanns en dekorativ bild av en lila fjäril. Hennes dagboksanteckningar hade gjorts med en snygg, kursiv handstil varvade med skisser som föreställde hennes emotioner. Jag kunde inte låta bli att ta med hennes teckningar i den här boken eftersom de illustrerar hennes inre känslovärld bättre än några ord.

Jag tyckte att det var ett effektivt sätt att underlätta Petrinas förståelse för sitt inre psyke och genomgående känsla av sårbarhet genom ett konstnärligt uttryck. Hennes tendens att nedvärdera sin problemlösande förmåga hade hindrat läkningsprocessen. Möjligheten att utforska hennes automatiska tankar och bilder genom kreativa teckningar hjälpte henne att återskapa sina svåra situationer och hantera sin rädsla.

Måndag, 6 december
⇨ *14*

Idag kom jag ihåg hur min ex-man misshandlade mig genom att slå mig med sitt bälte för att jag inte hade tvättat hans kläder. All smärta, hat och känslan av att vara fångad kom tillbaka. Utan att veta varför har jag alltid varit rädd för bälten ... Efter dagens terapi har jag slutligen fått svar. Jag har alltid känt mig fångad för sista gången Joshua slog mig ... band han mig vid sängen ... Han använder bältet för att slå mig. I det ögonblicket kände jag Kärlek och Hat mot honom.

⇨ *20:45*

Jag brukade tänka att ingenting är okontrollerbart men det verkar som en emotion som kärlek inte är något som kan kontrolleras. När det gäller kärlek finns inte rätt eller fel ... Eller kanske jag ska säga så här, Kan Kärlek existera i en relation/ett äktenskap eller existerar det inte alls ...?

⇨ *21:18*
Många säger att det är ett val att vara lycklig eller inte men om de hade gått igenom det jag har ... kanske de skulle tänka som jag. Du måste veta vad "Släppa Taget" betyder innan du kan bli lycklig ...

Samma kväll när Petrina hade vilat och kände sig avslappnad gjorde hon den mest häpnadsväckande teckningen i dagboken (Fig. 6). I det ögonblick hon var färdig med teckningen, insåg hon att en av orsakerna till hennes depression var en illusion – hon hade klamrat sig fast vid något som aldrig hade funnits där!

Fig. 6: "Klamra sig fast vid något som aldrig funnits"

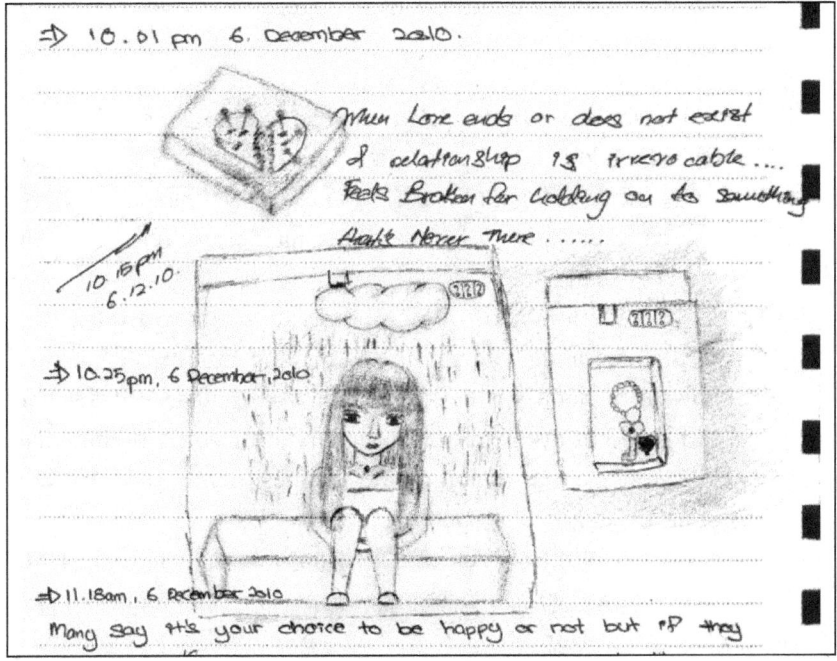

Det var en bild av en ung kvinna i dyster sinnesstämning symboliserad av regn en mulen dag. Hon satt och grubblade över sina problem. Överst på bilden var en teckning av ett brustet hjärta i två delar fastnitat med nålar. Hon hade hoppats på det lyckliga äktenskap och kärleksliv som aldrig hade unnats hennes föräldrar. Genom teckningen hade hon förstått hur illusionen kommit till och vilket syfte den hade i hennes liv. Nu kunde hon befria sig från den och se dess verkningar.

På ena sidan av bilden var en teckning av en nyckel i en låda som var inlåst i ett skåp med en hemlig kod. Jag var nyfiken på innebörden av nyckeln inuti lådan, men oturligt nog kunde hon inte berätta om dess betydelse. Vad jag också lade märke till var att det fanns en identisk bild av nyckeln i en annan bild. (Fig. 7). Det enda hon sade var att hon hade ritat den ur sitt omedvetna.

Jag var förbluffad. Nyckeln stämde inte överens med hur saker brukar se ut i det moderna samhället. Fanns det en symbolik bakom? Fanns det ännu ett okänt lager i hennes psyke? Fanns det en berättelse till som väntade på att se dagens ljus?

*****

Petrina tillbringade största delen av tisdagen sovande. Via ett SMS försäkrade hon mig att hon sov bättre efter terapibehandlingen dagen före. Det berodde delvis på att hon, efter att ha återupplevt Joshuas misshandel, kände att den emotionella bördan hade minskat.

Hon vaknade upp kl. 7:00 och hörde sin chefs röst igen. Det var väldigt irriterande eftersom den fortsatte att förfölja henne. Hon undrade om och när det någonsin skulle sluta. Vid det här laget stod det klart att även om Shirlene var en viktig bidragande orsak till hennes depression, hade hennes namn inte samma förmåga att framkalla blackouter som förr.

Trots sin optimism verkade Petrina inte må så bra. Hon fortsatte att ha kvävningskänslor och smärta i samband med det hon gått igenom. Hon ritade en bild av sig själv till sängs gråtande, ett brustet hjärta och ett hängande svärd som siktade mot hennes hjärta (Fig. 7). Tre vilsna barn ropade på sin mamma. Skuldkänslorna kring hennes tre aborter tycktes ropa ut ur hennes innersta. Hennes inre psykiska spänningar verkade ha nått fram med konsten som medium.

Fig. 7: "Kvävning och hjärtskärande smärta"

Bilden, som jag tolkade den, skildrade hennes omättliga behov av att hela och återuppväcka sina nära och kära. Det hade lett till ett tillstånd av sorg. Jag oroade mig för att hennes tendens att vilja reparera skulle växla från depressiv skuld till förföljande skuld som skulle vara förödande för hennes inre lugn; detta måste arbetas igenom för att det inte skulle bli emotionellt handikappande.

Tisdag, 7 december
⇨ *7:45*
Fick flashbacks av bilderna fastän jag kan vila hemma men det känns fortfarande som jag ska kvävas och en hjärtskärande, outhärdlig smärta ... Jag undrar varför det alltid är så mycket problem och svårigheter och varför inte om jag inte klarar av det bara lägga det åt sidan eftersom jag inte hittar någon lösning, så blir jag lyckligare? Men vad är lycklig? Det är alltför länge

sedan jag förlorade känslan av lycka ... Tappade bort den och hade ingen aning om var jag skulle återfinna den. Har insett på sistone att ibland är de enklaste sakerna de svåraste att få eller uppnå.

Att arbeta igenom hennes emotioner skulle innebära att hon till att börja med måste acceptera sin förlust. Bara då skulle hon kunna komma över sina sjukliga försvarsmekanismer och återanpassa sitt ego till verkligheten. Sättet på vilket regressionsterapin kunde hjälpa henne i dessa processer skulle låta henne återuppleva hennes traumatiska erfarenheter i trance, och få henne att omforma erfarenheterna i ett annat ljus.

Genom sitt konstnärliga skapande arbetade Petrina sig igenom sitt depressiva tillstånd för att återskapa och läka sitt förlorade förflutna. Hon tycktes skapa en värld som samtidigt föreställde både hennes förflutna och nuet. Medan jag funderade över hennes teckningar, insåg jag att förståelsen för hennes egen berättelse fyllde en viktig funktion genom att ge en känsla av kontinuitet i livet.

Petrina somnade igen senare samma morgon och vaknade upp två gånger efter det, en gång 12:40 och sedan igen 15:20. Vid båda tillfällena kände hon sig väldigt trött. Hon lade märke till att hon hade upplevt denna trötthetskänsla efter varje terapitillfälle. Psykiskt kändes hennes axlar lättare eftersom hon inte längre upplevde den tunga emotionella bördan som hon burit på hittills.

Kl. 18:50 vaknade hon upp i tårar! Det var första gången i Petrinas liv som hon hade vaknat gråtande. Hon hade haft en mycket livlig dröm i vilken hon var inlåst i ett rum och en man stod utanför som inte ville hjälpa henne att låsa upp dörren. I sin desperation att göra sig fri grät hon. Intuitivt tolkade jag det som om hennes inre jag sakta sjönk ner i förtvivlans djup, medan en förtrogen person som hon satt sitt hopp till inte lyfte ett finger för att hjälpa henne. Drömmens livlighet fick mig att misstänka att det var en karmisk dröm.

Fig. 8: "Snälla, släpp ut mig!"

Hon hade uttryckt drömmen igen i konstform (Fig. 8). Det som var anmärkningsvärt med bilden, och som jag missat först, var att mannen ifråga bar en nyckel runt halsen. Hon hade ritat nyckeln omedvetet utan att förstå varför hon gjort det, men hade särskilt nämnt den som "frihetens nyckel" i sin dagbok.

Samma kväll kände hon plötsligt att något eller någon saknades i hennes liv. Det var en sådan ensam känsla att hon gjorde en teckning av sig själv stående avskild i ett ödsligt landskap under stekande sol. Senare förklarade hon för mig att det var ett uttryck för rädsla att bli ensam och övergiven (Fig. 9). Hennes förklaring verkade rimlig, för ensamhet kan verkligen bli en dödlig fälla. Men jag hoppades att hon skulle kunna inse båda sidorna av ensamhet. Om hon kunde lära sig att konfrontera sin känsla av att vara ensam och vända den till en upplevelse av att vara unik, skulle hon utveckla en känsla av gränslöst inre värde.

Fig. 9: "Så ensam ..."

Onsdag, 8 december
⇨ *1:20*

Efter måndagens terapi, fastän jag har gjort mig av med en del emotioner ... jag känner mig mycket bättre men samtidigt känner jag mig just nu väldigt tom inuti. Särskilt efter drömmen om mig inlåst i ett rum väntande på att någon ska låsa upp och släppa ut mig ...

Jag talar om de två senaste teckningarna – det är en nyckel inuti en låda och inlåst i ett kassaskåp men jag har inte en aning om vilken koden är för att öppna det. Mannen som jag drömde om har nyckeln runt sin hals ... Kan inte hjälpa att jag undrar är det han som har nyckeln till min frihet eller var det min inbillning?

I drömmen hör jag också en mansröst som säger: "Du är inte den Petrina som jag lärde känna. Då var du stark *och positiv ... den Petrina jag ser nu är så bräcklig, svag och negativ ..."* De tre sista orden kan jag minnas att Shirlene sa till mig. Ända tills nu har Shirlenes röst förföljt mig när jag är vaken eller sover, men rösten kan inte längre få mig att känna mig frustrerad som förr. Det är ett gott tecken, men ilskan finns där ännu.

Föga anade jag, vid denna tidpunkt, att "nyckeln" var en viktig karmisk symbol och kärnan i en högst fascinerande historia som skulle uppenbara sig och förvåna oss de närmaste dagarna ...

Kapitel Åtta

Tomhet

I början kände jag bara mörker och tystnad ... mitt liv var utan dåtid eller framtid ... men ett litet ord från en annans fingrar kom till min hand som klamrade sig fast vid tomheten och mitt hjärta tog ett skutt av hänryckning.
— *Helen Keller*

Det var onsdagen 8 december. Petrina kom till min mottagning kl. 15:15 för sin femte terapibehandling. Denna gång kom hon utan sällskap då alla i hennes familj arbetade.

Hennes tidigare terapitillfällen hade varit emotionellt utmanande men hon hade bestämt sig för att hålla ut och bli bättre. Hon informerade mig om att terapin hade framkallat ett nytt symptom, en känsla av "tomhet". Smärtsamma känslor hade stört hennes välbefinnande. Det sög energi och fick henne att känna sig tom och ensam. Hon anade att något viktigt höll på att hända snart som skulle kräva hennes uppmärksamhet.

Hon kände ånger över sina tre aborter och hennes sorg uttrycktes som att hon skadat sina tre ofödda barn. Men hon insåg att hennes ånger inte kunde göra hennes "synd" ogjord och att hon bara kunde sörja över det. Faktum var att hon närde tanken att Gud kanske straffade henne nu genom att få henne att känna sig ensam. Hon drog sig också till minnes en kommentar av sin gynekolog om att hon kanske inte skulle kunna bli gravid igen i framtiden på grund av de täta, upprepade aborterna. Det förstärkte hennes känsla av straff. Jag funderade. Skulle den kunna omvandlas till en önskan om att bli hel?

Onsdag, 8 december
⇨ *14:30*

Känslan av tomhet, förlust, att vara fången och hjälplös har följt med mig en lång tid ... Den lämnar mig inte. Efter måndagens terapi har känslan av tomhet blivit starkare. Joshua har tagit det mesta av det jag har men det som lämnats kvar ... någon har tagit den allra sista biten av det jag har kvar. Nu känner jag mig som en zombie? Eller det som finns kvar är bara ett tomt skal.

Jag har accepterat och möter verkligheten av vad som hände med mitt äktenskap, men att börja om verkar svårt. Jag är rädd för att förlora och falla ... men jag har inget val, jag kan bara gå framåt. Bara genom att gå framåt kan jag nå mitt mål en dag, annars kommer jag för alltid att vara kvar i det här ...

Petrina verkade trött och sliten men var som vanligt angelägen om terapin. Efter en kort induktion gick hon snabbt ner i trance och jag använde hennes känsla av "tomhet" som övergång.

"Jag väntar på Joshua," mumlade hon. "Middagen är klar. Han kan komma tillbaks och äta men han kommer inte. Detta har hänt så många gånger."

"Vad tänker du just nu?"

"Det är ett tomt äktenskap. Jag väntade i över fem timmar innan han kom hem... Jag undrar ibland vem är han, han som sover vid min sida? Han säger att han måste arbeta. Men jag vet att han är med Hazel. Jag tog ledigt och följde efter honom ... Jag fann honom hemma hos Hazel. Han kysser henne."

"Vad känner du just nu?"

"Tomhet. Jag har förlorat min vän. Jag har förlorat min make."

"Vad gjorde du när du såg honom kyssa Hazel?"

"Jag gjorde inte någonting. De gick in i huset och kom ut efter sex timmar. Sedan gick de till en japansk restaurang. Jag följde efter dem. De såg så lyckliga ut tillsammans ... inte en enda gång har han tagit mig med till en restaurang." Tårarna strömmade nerför hennes kinder.

"Vad hände sedan?"

"De visste inte att jag iakttog dem. De gick hem till Hazel igen och han kom inte tillbaka. Jag slutade fråga. Jag slöt mig. Vi grälade många gånger på grund av Hazel. Jag slutade laga mat åt honom. Han bryr sig inte ... Jag vill inte att han rör vid mig ... Han använde våld ... det finns inget jag kan göra."

"Vad känner du vid denna tidpunkt?"

"Jag känner mig vilse."

"Vilken tanke hör ihop med den känslan?"

"Jag tänkte att om han bryr sig om att röra vid mig kanske han fortfarande älskar mig." Hon gick in i ett tillstånd av katharsis. Det blev en paus medan hon kämpade för att komma ur sitt emotionella tillstånd.

"Jag började vänta på honom igen ... men jag inser att jag är bara ett sexobjekt för honom. Jag har förlorat allt. Jag vill bara komma vidare. Jag berättade för mamma att jag ska ansöka om skilsmässa. Hon bad mig tala med honom. Jag sa till mamma att jag hade bestämt mig och att jag snart skulle komma hem.

"Jag fick en massa telefonsamtal från SingTel och StarHub som sökte mig för skulder som han hade dragit på sig. Jag konfronterade honom. Då sa han: 'Jag har aldrig bett dig betala någon av de här skulderna. Du gjorde det frivilligt för mig.'"

"Vad kände du när han sa så?"

"Jag väntade mig det. Han utnyttjade mig. Han använde bältet för att slå mig. Han ville att vi skulle ha sexuellt umgänge. Jag försökte knuffa bort honom. Han band mig vid sängen ... Jag blödde." Hon gick in i katharsis igen.

"Efter det flyttade jag hem. Jag hade förlorat allt. Jag talade inte med någon. Jag höll allt för mig själv. Jag kände mig betryckt. Det finns inget jag kan göra. Jag måste gå vidare. Jag höll mig sysselsatt. Min arbetsdag blir allt längre."

Petrina tystnade för en stund, och sedan fortsatte hon långsamt och tvekande. Plötsligt tycktes hon hoppa till en annan händelse.

"Det finns en man och jag berättade om Joshua för honom på en restaurang. Han verkar bekant ... han är 28, 29 år men jag minns inte vad han heter. Han säger att Joshua inte har rätt att göra så mot mig."

Jag lyssnade spänt. Var det Aaron hon beskrev igen?

"Vi gick," fortsatte Petrina.

"Vad hände sedan?"

"Jag ser blod. Jag skar mig vid handleden." Detta fångade min uppmärksamhet. Det var första gången hon hade nämnt att hon skar sig. Senare fick jag veta att detta hänt före hennes självmordsförsök med sömntabletter.

Petrina fortsatte: "Jag tog sömntabletter ... Jag är med Fabian. Under vårt senaste samtal säger han att han inte kommer tillbaka ..." Hon avslutade med ett sorgset tonfall innan hon spontant kom ut ur trancen.

Jag funderade på behandlingen. Hennes respons i trance uppvisade ett konsekvent mönster. Varje gång Aarons namn nämndes, eller någon beskrivning av honom fanns med i bilden, kom Petrina snabbt upp ur hypnosen.

Vid det här laget var hon väldigt trött och jag beslöt att avsluta behandlingen. Hon såg sorgsen ut och antydde att hon kände obehag över högra bröstet. Det var som en sorts en kramp och en känsla "som att bli bunden".

Instinktivt lade jag min högra handflata på stället. Jag hade studerat Reikihealing många år tidigare och jag använder tekniken om och när jag upptäcker att någon av mina patienter behöver det. Jag kände energin omedelbart flöda genom mina handflator till hennes bröst och inom ett par sekunder svarade hon med en viskning: "Det är varmt!" Det hon upplevde var en form av helande energi. Jag lät mina händer vara där flera minuter allteftersom hon blev alltmer avslappnad och sjönk ner i ett drömlikt tillstånd. Snart strålade hon ut lugn och frid.

Biträdet som fungerade som förkläde var en medelålders indisk dam. Hon frågade mjukt: "Doktorn, ni utövar Reiki, inte sant?"

Jag nickade och vi log mot varandra. Senare fick jag veta att hon umgåtts med några vänner som också utövade konsten.

Jag hade lärt mig Reikihealing i början av 2003. Det var vid en tidpunkt när jag kände att det fanns mer i läkekonsten än bara farmakologisk terapi, kirurgi och strålning. Jag trodde att Universum hade många andra outforskade domäner för våra läkebehov.

Tio minuter gick. Petrina indikerade att smärtan över bröstet hade försvagats och att energiflödet hade minskat. Jag ändrade händernas position så att de täckte andra ställen på kroppen, däribland buken, bröstkorgen och hennes huvud. Hela healingen varade ungefär 30 minuter och mot slutet föll hon i djup sömn.

Petrina vaknade upp 15 minuter senare. Med ett trött leende förstod hon att behandlingen var över och hon försäkrade mig att hon var redo att åka hem på egen hand. Jag följde henne till taxin och tog farväl.

*****

Den kvällen började mardrömmarna igen. Petrina hade svårt att somna. När hon slöt ögonen fick hon skrämmande ögonblicksbilder av hur Joshua slog henne med bältet. Hypnoterapibehandlingen hade levandegjort en av de mest traumatiska minnena i äktenskapet.

Det var efter midnatt, och hon låg fortfarande vaken i sängen. Till slut steg hon upp och skrev:

Torsdag, 9 december
⇨ *00:38*

Jag känner smärta ... Den är överallt ... Jag är rädd fastän Joshua inte längre kan skada mig. Men minnet av honom förföljer mig ... Det finns ingenstans jag kan gömma mig ... känns som jag går sönder ... Har ingen aning om hur jag ska samla mig.

⇨ *1:45*

Kan fortfarande inte sova. Plötsligt slogs jag av en tanke ... att vara på bättringsvägen är så smärtsamt ... om jag kunde välja skulle jag helst inte ha kommit ihåg just det här ... som med Aaron ... Smärtan är outhärdlig, jag kan knappt andas och mitt hjärta slits itu...

⇨ *2:30*

Jag hör röster som säger "Väntar du på att han ska komma tillbaka och hjälpa dig?" Antar att det är min fantasi ... men på något sätt vet jag inte varför en del av mig väntar på att någon ska komma tillbaka. Känslan har jag haft sedan september ... Jag har aldrig berättat för någon om det, inte ens Dr. Mack. Varför? Jag frågar mig själv, och vem är det jag väntar på? Börjar jag fly verkligheten igen? Eller ger jag upp? Jag vet verkligen inte ... vad ska jag göra? Jag är för trött och har inte längre modet att minnas det förflutna ...

När jag läste anteckningarna blev jag förbryllad. Vem var denne person som Petrina omedvetet väntat på skulle komma tillbaks? Allt pekade på Aaron. Men vem var han egentligen? Frasen: "Du är den sista jag någonsin skulle skada" tycktes återkomma gång på gång, och varje gång verkade den sårande. Varför var det så?

Petrina hade just gjort ännu en skiss i sin dagbok – återigen med den välbekanta nyckel inuti i en trälåda i ett kassaskåp. Dessutom ritade hon ett trasigt hjärta bredvid nyckeln. (Fig. 10). Varför kom den omedvetna bilden av nyckeln tillbaka gång på gång, i olika former? Det hade varit en fascinerande erfarenhet att följa henne på hennes resa mot tillfrisknande. Intuitivt anade jag att en spännande historia skulle utveckla sig.

Natten fortlöpte med ögonblicksbilder.

Klockan var 8:30 på torsdagen när Petrina vaknade. Hon hade inte sovit mycket. Efter att ha återerinrat sig sitt självmordsförsök och än en gång genomlevt den fysiska misshandeln från sin man kunde hon knappast sova. Trots det såg hon fram emot sitt sjätte terapitillfälle.

Fig. 10: "Du är den sista jag skulle såra"

Hon dök upp prick kl. 11:00, återigen ensam. Hon såg tärd ut och tecken på trötthet visade sig under hennes pudrade ansikte. Traumat av Joshuas våld var oroande och outhärdligt. Hon satte sig tillrätta i mottagningsrummet och bröt ihop i tårar när hon försökte beskriva sina känslor. Medan hon grät tog jag tillfället i akt att använda emotionerna från traumat som en övergång. Hon sjönk snabbt ner i trance.

"Han slår mig med sitt bälte," började hon med ett desperat tonfall. "jag kan inte tala. Han har satt maskeringstejp över min mun ..."

Det blev en paus, och hon det syntes att hon hade svårt att fortsätta. Hon lät hjälplös och darrade på rösten. Det ryckte i ögonlocken och ansiktsmusklerna var spända. Hennes emotionella anspänning byggdes upp till ett crescendo, och det stod klart att turbulensen i hennes inre var för mycket för att vi skulle kunna fortsätta.

Efter att ha tagit upp Petrina ur trancen, föreslog jag en paus och lät henne dra sig tillbaka till toaletten. När hon kom tillbaka såg hon mer samlad ut och ville fortsätta terapin. Jag beundrade hennes beslutsamhet och motståndskraft och gick med på det.

Hon gick tillbaka till samma scen och historien fortsatte från där den avbrutits tidigare.

"Åh ... Bältet! Massor av blod som kommer från ryggen. Han binder mig. Han tycker om att använda basebollträet på mig. Han lägger det i is och gnuggar träet mot mina sår."

Jag rös åt den brutala behandlingen.

"Han börjar slå mig igen med bältet. Jag kan inte skrika. Maskeringstejpen hindrar mig från att skrika. Han lägger en påse med is på min mage och väntar på att den ska smälta. När isen har smält gör det ont. Jag kan inte röra mig ... Tortyren varade i två veckor, varje dag i veckan och en gång om dagen."

"Vad har du för känslor just nu?" Jag höll andan när jag frågade.

"Jag är rädd ... Jag vill inte vakna upp."

"Hur stod du ut?"
"Jag vet inte."
"Vad hände efter de två veckorna?"
"Efter de två veckorna åkte han iväg med Hazel. Jag packar mina saker och berättar för mamma att jag kommer hem. Jag säger till min svärmor att jag flyttar. Hon säger: 'Jag förskjuter min son. Åk och kom aldrig tillbaka.' ... Jag kände mig lättad."
"Vad hände efter att du bestämt dig för att flytta?"
"Jag förlorade aptiten. Jag gick ner tio kilo. Jag är på bottenvåningen. Min vän Jessica hjälper mig att flytta ..."
"Vad hände sedan?"
"Jag åkte hem. Jag låste in mig i tre månader. Jag gjorde ingenting på tre månader ... jag kände mig så TOM.
"Vad gjorde du efter de tre månaderna?"
"Efter de tre månaderna kom jag ut och talade med någon ... jag vet inte vem han är. Jag berättade allt om mig själv. Han sa: 'Du förtjänar en bättre man. Du kommer att glömma alltsammans.'" Återigen, denne oidentifierade man lät som Aaron.

Petrina kom upp ur hypnosen med ett förvirrat ansiktsuttryck. Vid det här laget blev jag inte längre förvånad över hennes spontana uppvaknanden ur trancen. Mottagningsassistenten, Sabiah, hjälpte henne snabbt till en stol.

Jag märkte att Petrina hade blivit mer emotionellt labil nu jämfört med tidigare terapitillfällen. Sabiah serverade henne en kopp Ovomaltin medan jag småpratade med henne för att hon skulle få tid att återhämta sig.

Hon anande intuitivt att jag var bekymrad. Kl. 13:15 försäkrade hon mig att hon kände sig tillräckligt bra för att ta sig hem på egen hand. Jag följde henne till taxiparkeringen och drog en lättnadens suck när hon åkte iväg. Föga anade jag då att det bara var början på ytterligare en dramatisk händelse samma dag.

Kapitel Nio

Hjälplöshet och rädsla

Hjälplöshet är utan tvekan det första och säkraste tecknet på ett hjärta som ber ... Bön och hjälplöshet är odelbara. Bara den som är hjälplös kan verkligen be.

– O. Hallesby

Två timmar senare fick jag ett samtal från Petrina. Hon lät hjälplös. Jag hade fått intrycket att hon hade kommit hem, men senare insåg jag hur fel jag hade ...

Petrina talade med ledsen och förtvivlad röst. Hon sa att någon från personalavdelningen hade ringt henne. Någon som hette Lorna sa att personalavdelningen måste få ett intyg angående hennes sjukskrivning. Just då visste hon inte vad som hade hänt med hennes läkarintyg och hur hon skulle bemöta dem. Efter de senaste minnesförlusterna kunde hon omöjligt dra sig till minnes om hon hade skickat iväg intyget och till vem det var adresserat. I sin desperation hade hon gett Lorna mitt mobilnummer och bett henne ringa mig.

Denna besvärliga situation kom som en överraskning. Jag hade inte förutsett att hennes medicinska tillstånd skulle medföra en administrativ komplikation. I frånvaro av intyg skulle Petrinas arbetsstatus vara lika med frånvarande utan lov, och konsekvenserna kunde bli allvarliga. Särskilt i ljuset av hennes chef Shirlenes fientliga inställning Det rådde inga tvivel om att saken behövde åtgärdas omedelbart eftersom Lorna skulle kunna ringa mig vilket ögonblick som helst. För att förhindra att Petrina fick problem, behövde jag genast skicka in en kopia på hennes läkarintyg. Detta krävde omedelbar handling.

Jag loggade in på sjukhusets datajournalsystem och gick in i Petrinas journal. Sedan tryckte jag ut en kopia av hennes sjukskrivning med Dr. Shantis namn som intygande läkare. Därefter gick jag snabbt ner till neurologen för att få tag på syster Louise. Hon måste skaffa Dr. Shantis underskrift åt mig.

Jag hade turen på min sida. Syster Louise var i tjänst. Jag uppdaterade henne beträffande Petrinas tillstånd och förklarade situationens komplexitet och att det var brådskande. Efter det bad jag henne hjälpa mig att kontakta Dr. Shanti för att få hennes påskrift.

"Inga problem," sa hon med sitt vanliga trygga sätt. "Låt mig ta hand om det. Jag ringer så fort det är klart."

Jag gick tillbaka till mitt kontor. För första gången började jag känna mig trött och missmodig. Det var som en tunnel utan ljus.

En halvtimme senare, var syster Louise på telefonen igen. "Dr. Shanti har undertecknat läkarintyget och du kan hämta det nu. Vill du att jag skickar det till dig?"

Syster Louises effektivitet var inte någon överraskning. Hon hade aldrig gjort mig besviken i sitt arbete sedan jag träffade henne för första gången.

"Tack så väldigt mycket, men nej. Jag kommer och hämtar det på en gång själv."

Det fanns ingen tid att förlora. Med intyget i mina händer gick jag snabbt till personalavdelningen. Min mobil ringde just som jag klev in i hissen. Det var Lorna.

"God dag, Dr. Mack. Jag har blivit instruerad av en i personalen, Petrina, att ringa dig."

"Ja, jag har väntat på att du skulle ringa. Jag är faktiskt på väg upp till ditt kontor just nu."

"Åh!" hon lät chockad. "Okay, jag möter dig vid entrén."

Uppe på personalavdelningen kom Lorna ut med sin chef Mary för att hälsa på mig. Båda verkade en smula besvärade över min överraskningsvisit. Jag presenterade mig och gick rakt på sak.

"Jag antar att det är det här ni vill ha från Petrina?" Jag lämnade över intyget medan jag pratade.

"Jo ... ja." Mary sökte efter ord för att fortsätta konversationen. "Och tack för att du gjorde dig besväret att komma hit."

Jag anade att både Mary och Lorna tyckte det var svårt att förstå varför en överläkare skulle bry sig om att personligen komma till personalavdelningen för att lämna ett intyg för en patients räkning. När allt kom omkring var Petrina bara en yngre kassörska i företaget.

"Inga problem. Är intyget som det ska vara?"

"Åh! Ja." Mary kastade en snabb blick på intyget och fortsatte. "Jag antar att nu när vi har läkarintyget så kan vi fortsätta med hennes decemberlön och betala ut årsbonusen." Hennes spända ansiktsuttryck började sakta mjukna.

"Finns det något mer ni behöver från mig?" frågade jag.

"Nja, jo ... vi är faktiskt rätt angelägna om att få veta vad som händer med Petrina," sa Mary. "Vi vet att hon har varit sjuk och varit borta från arbetet, med vi vet inget om hennes medicinska tillstånd."

"Okay. Låt oss tala i enrum."

Vi drog oss tillbaka till ett tomt intervjurum i närheten. Lorna började prata. "Det var jag som frågade om hennes sjukintyg eftersom hon varit borta från arbetet ganska länge utan att vi blivit informerade. Hon sa att hon inte kunde minnas vad som hänt med intyget och det gjorde mig orolig eftersom vi hade fått nyheter om hennes minnesförlust nyligen. Vi undrar hur hon mår nu."

"Hon är på gränsen till ett sammanbrott är jag rädd," började jag. De såg oroliga ut.

"Jag ger henne terapi just nu och förhoppningsvis kommer hon att återhämta sig tills hennes sjukskrivning löper ut." Jag pausade ett ögonblick och övervägde hur mycket medicinsk information jag skulle lämna ut. De två personaladministratörerna såg bekymrade ut. De måste förstå Petrinas tillstånd för att kunna hjälpa henne, tänkte jag.

"Vi hörde att hon var dålig, lades in på sjukhus och skrevs ut, men vet inte mer än så. Nu när hon har berättat att hon inte ens kan minnas var hon har sina saker, är vi extremt oroliga över hennes möjligheter att återuppta arbetet. Hennes chef har uttryckt samma oro," förklarade Mary.

"Tja, jag har inte träffat hennes chef innan," fortsatte jag, "men vad jag förstår, har hennes chef framkallat en del av symptomen."

Mary och Lorna blev förvånade och kastade förstulna ögonkast åt varandra.

"Petrina har givit mig tillstånd att tala om sina problem. Hennes minnesförlust är ett resultat av hennes emotionella trauma som orsakades av makens misshandel. Hon har inte kunnat sova ordentligt de senaste tre åren och har den senaste tiden utvecklat blackouter. Hon var i desperat behov av ledighet för att ordna upp skilsmässan, men i hennes livs mörkaste stund nekade chefen hennes ansökan om en veckas obetald ledighet. Hon svimmade på kontoret, blev inlagd på sjukhus och är så desperat sedan dess att varje gång hennes chefs namn nämns, får hon en blackout." Jag sa alltsamman i ett enda andetag.

"Det var tråkigt att höra," svarade Mary ursäktande. "Men om hon är så allvarligt sjuk, tror du att hon kommer att bli bra nog att komma tillbaka till arbetet?"

"Det är anledningen till att vi har gett henne en månads sjukskrivning. Hon behöver tid till vila och återhämtning. Jag kan bara hoppas att hon kan dra nytta av terapin och återhämta sig i tid. Vad som verkligen oroar mig är vad som händer när hon återvänder till arbetet och möter samma chef i samma miljö, efter att ha tillfrisknat."

"Nja, vi funderar faktiskt på att förflytta henne till avdelningen för service och kvalitet när hon kommer tillbaka. Låt mig försöka ordna en intervju med SK-chefen när hon kommer tillbaka."

"Det skulle vara ett bra arrangemang. Tack."

Jag gav mig av och de tackade mig än en gång för att jag delat med mig av informationen och gjort mig besväret att träffa dem.

*****

Klockan var 17:15 när jag tog emot ett telefonsamtal från Petrina. Hon lät desperat och berättade en mardrömslik historia.

Tydligen hade hon, av någon anledning, efter att hon lämnat sjukhuset i en taxi, inte åkt hem. Istället hade hon stigit av vid en lekplats på Hougang Avenue 3, och hon kunde inte förklara hur hon hade hamnat där. Hon hörde flera röster som ropade "Aaron" och en kort stund efter fick hon en blackout.

När hon återfick medvetandet var hon panikslagen och förlorade plötsligt minnet helt och hållet. I sin förtvivlan kunde hon inte ens minnas sin hemadress. I desperation tog hon fram adressboken och började ringa efter hjälp. Hon hade tur och lyckades hitta numret till en god vän, Bernard. Bernard, som råkade vara på sitt kontor, tog emot samtalet och fick sitt livs chock. Han lämnade omedelbart kontoret, körde till platsen och hittade henne förtvivlat gråtande på en lekplats. Han körde henne hem.

Det var solklart att hon hade åkt till Hougang för att leta efter Aaron – den individ som hon så hade ansträngt sig för att försöka identifiera och minnas. Det stod också alltmer klart att Aaron hade ett så stort inflytande på Petrinas liv att till och med blotta namnet hade ett grepp om hennes känslor.

Torsdag, 9 december
⇨ *16:55*

Ungefär kl. 13:50, vet inte riktigt varför, efter mötet med Dr. Mack skulle jag åka hem men på något sätt hamnade jag på Hougang Ave 3 ... Kommer inte ihåg vad som hände ... Jag får en blackout på en lekplats ... före blackouten hör jag en massa röster ... En mans röst han säger "Du kan inte minnas Aaron, du klarar det inte! Du måste glömma honom!"

Jag kan också höra min konversation med en annan man. Mannen säger "Du är den sista jag någonsin skulle såra ... Lita på mig jag kommer inte att såra dig ... "Jag sa till honom: "Du sa att du inte skulle såra mig! Du lovade det. Jag litade på dig, och ändå har du redan sårat mig!"

Efter en liten stund får jag en blackout ... vaknar upp och inser att jag inte minns en enda sak. Vem är Aaron? Vad har vi för relation? Verkar som han har ett stort inflytande på mig ... Efter att ha hört hans namn suddades mitt minne ut precis som datorn ... När man installerar om programmet blir allting utraderat ... Mina senaste vändor till terapin var helt onödiga ...

Petrina kom hem i ett tillstånd av emotionellt kaos. Tvångstankar dominerade hennes medvetande. Sent samma kväll skickade hon mig ett meddelande: "Jag hör en massa röster med bilder... Jag är förvirrad ... Har ingen aning om varför jag fortsätter att gråta. Namnet Aaron kommer upp ... Vem är han???"

När jag så småningom fick tillfälle att titta på hennes dagbok igen slog det mig att de bilder hon ritade den kvällen genomgående var av skrämmande natur. Det fanns ett underliggande tema av självmord i dem alla.

Bilderna föreställde henne skärande sin handled, en burk med sömntabletter (Fig. 11), en kniv och ett rep för hängning (Fig. 12). En av bilderna tycktes visa hur hon höll på att glömma Fabians utseende och ansträngde sig att minnas vem han var under hans begravning. Från hennes inre psykes perspektiv verkade det vara en avgrund mellan hennes förtvivlade nuvarande jag och den person hon var förut.

Fig. 11: Så många obesvarade frågor ...

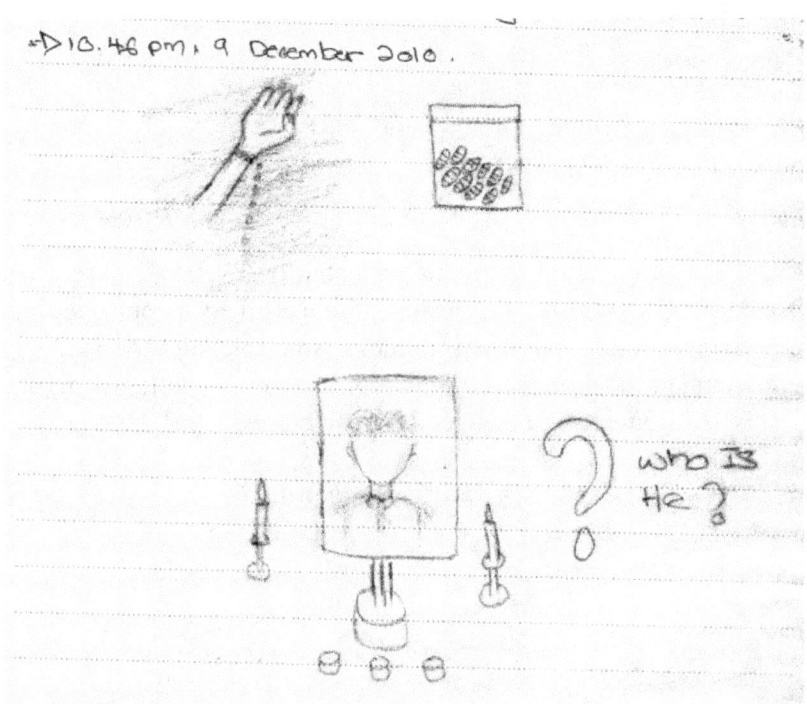

De här var mörka yttringar av förtvivlan. Hennes intresse för döden skrämde och oroade mig. Det som förr varit meningsfullt för henne tycktes nu meningslöst alltmedan hennes förtvivlan fördjupades. Omvänt verkade det som tidigare varit meningslöst nu meningsfullt.

Jag förundrades över mig själv, hur jag hade uppammat tillräckligt mod för att följa henne på resan så här långt. Ändå, det fanns hopp. Genom bilderna kom hennes självmordstankar ut i ljuset och kunde granskas öppet. Det var ett gott tecken. Men det var en svår tid. Jag behövde hjälpa henne att dämpa sin mentala oro som drev henne mot självförintelse. Hon behövde ytterligare lite självmedvetenhet och ta ett steg tillbaka för att se sin situation i ett annat ljus.

Torsdag, 9 december
⇨ *22:46*
Jag får de här snabba bilderna ... vems hand var det? Vad har den att göra med tabletterna? Vad för tablett är det? Och mannen ... vem är han? Vad har alla de att göra med hans begravning? Tog han livet av sig? Har så många frågor men jag hittar inget svar ...

Det var en utmaning att lugna patienten över telefon, liksom det var svårt för en förtvivlad person att lugna sin egen uppjagade själ. Självmord hade blivit en fallucka som plötsligt öppnat sig. Rösterna tycktes mena att självmord var en psykologisk trappa (Fig. 12) som steg för steg ledde henne mot en logisk kulmen.

Fig. 12: "Vad väljer du?"

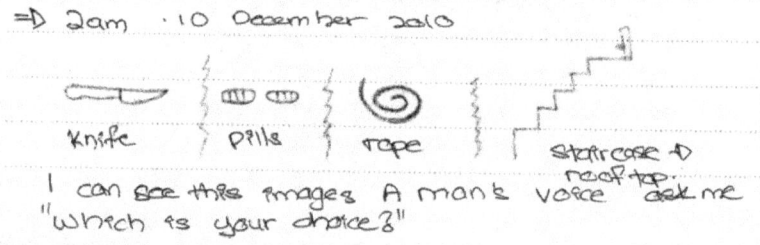

Fredag, 10 december
⇨ *0:06*
Tomhet, Ilska, Hat, Frustration, Smärta & Hjälplöshet. Jag har fullständigt förlorat kontrollen över mina känslor ... Mitt hjärta känns som om jag blir inklämd i en väldigt liten låda och bunden. Kan inte andas ... Jag kan höra någon tala om för mig att jag inte förtjänar att få leva! Det är en mans röst ...
    Medan jag ritar hör jag en kvinnoröst "Kärlek och Hat?" och en väldigt ömsint kvinnoröst "Väntar du på

att bli utsläppt?" En mans röst hörs igen. "Han bryr sig inte om dig, glöm honom! Full av tomma löften! Gå och lägg dig. Imorgon har du glömt alltsammans." Säg mig vem han är? Tala med mig! Varför?

⇨ *4:28*
Jag känner att jag börjar avsky mig själv, jag minns inget ... Varför är jag sådan? Känns som jag är hatad också ... Jag är fången. Spelar ingen roll hur mycket jag vill röra mig. Jag kan inte ...

⇨ *7:53*
Sov några timmar men rösten är kvar hela tiden ... Tappar kontroll över mig själv och allting. Är det dags att stiga upp? Avsluta resan? Så tröttsam, så högljudd ... många röster ... snabba bilder ...

Fig. 13: "Jag förtjänar inte att leva."

Petrina gick igenom en skrämmande upplevelse på eftermiddagen fredagen 10 december. Hon hörde väldigt många röster och hon visste mycket väl att ingen där talade. Rösterna var så högljudda att de var outhärdliga.

Hon frågade sig själv: Hur kan rösterna som talar om främmande känslor och som uppmanar mig till fruktansvärda handlingar vara en del av mig? Efter det tog hon sin medicin mot depression och gick till sängs.

Det ligger i vår kultur att betrakta röster som antingen tecken på mentalsjukdom eller något att vara rädd för. Rädslan är undantagslöst knuten till känslan av oförutsägbarhet och av att inte ha kontroll. Röster ses i allmänhet som ett symptom på en psykos som måste kontrolleras och skingras med medicinering.

Jag kämpade för att förstå hennes hörselhallucinationer bättre. Antagandet jag gjorde var att hennes röster var en form av privat tal, och det gav mig ett annat perspektiv. Det medförde att hon kunde göra en detaljerad beskrivning av de egenskaper rösterna hade och därmed bättre kunna handskas med sin egen rädsla. Lika viktig var min erinran till henne om nyttan av en förnuftig och välavvägd användning av medicin för att kontrollera symptomen när så krävdes.

Fig. 14: "Tomma löften"

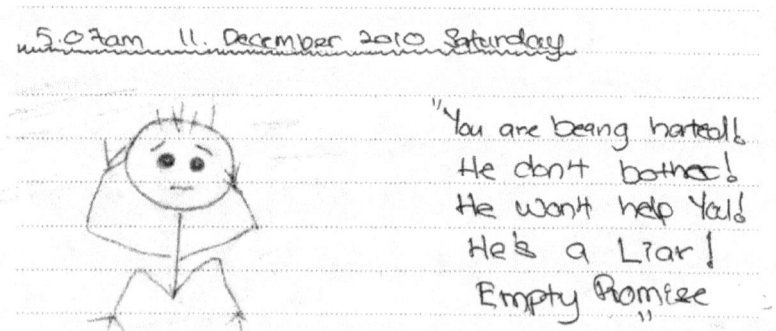

När Petrina vaknade upp 18:40 den kvällen hade rösterna tillfälligt slutat jaga henne. Hon mådde bättre och var lugnare. Hon visste att hon hade varit utsatt för en hel del påfrestningar på sistone och var inte så lockad av tanken på att bli beroende av antipsykotiska mediciner för att hantera rösterna.

Lördag, 11 december
⇨ *6:49*
Jag tog medicinen igen. Rösterna kommer tillbaka ... vems röst var det? Vad betyder den? Jag är redan trött ...

⇨ *13:57*
Så fort jag slutar med medicinen kommer det tillbaka igen. Har inget annat val än att ta medicinen igen ...

⇨ *22:13*
Vaknade just ... Jag bläddrar tillbaka i dagboken, insåg inte att jag gått igenom så mycket ... känns som jag lever ett dubbelliv som allt det som hänt inte var jag ... kan inte minnas något ... kan bara minnas små fragment ... Mitt sinne är som ett blankt papper ... undrar hur jag klarar allt detta ...

När jag slutligen kom att läsa hennes dagboksanteckningar, påminde beskrivningen av hennes känslor och förlusten av minne väldigt mycket om en dissociativ identitetsstörning. Hon tycktes ha en störning av de integrativa funktionerna av medvetandet och sin uppfattning av omgivningen. Allt detta var tecken på ett allvarligt emotionellt trauma och en inre psykisk konflikt.

Söndag, *12 december*
⇨ *22:00*
Kanske det är bra att glömma alla de olyckliga minnena ... Givet att det inte leder till några hälsoproblem. Antar att det är dags för mig att möta verkligheten och gå vidare vare sig jag gillar det eller ej! Vill bara inte vara en börda för min familj.

Den kvällen hade jag en informationsutväxling med syster Beatrice via email. Hon påpekade att Petrinas berättelse lät "som ett drama, men det skulle inte vara trevligt att vara en del av det".

Hon skrev: "Vid 25 års ålder är hennes liv helt förstört. Om hon går tillbaka till arbetet kommer hon att påverkas av skvaller och hennes tillstånd försämras igen. Det kommer att bli en lång resa för henne." Jag höll med henne.

Petrina hade ett kaotiskt veckoslut och hennes önskan att återhämta minnet av Aaron var överväldigande. Vid det laget hade hon tagit sin medicin mot depression tre gånger om dagen och hon kände sig ganska dåsig. Men det var länge sedan hon hade fått sova ut ordentligt och känna sig fridfull till sinnet, så för ögonblicket hade hon inget emot medicinens bieffekter.

Slutligen bad hon mig om en tjänst. Hon hade kommit till den oundvikliga slutsatsen att vetskap om Aarons identitet var avgörande för hennes tillfrisknande. Men hon hade inte mod att ringa Aaron själv, så hon bad mig göra det för hennes räkning.

Jag tvekade. Skulle det vara lämpligt att göra det? Skulle jag betraktas som någon som inkräktar på andras privatliv? Med Petrinas bästa för ögonen slog jag Aarons nummer.

Telefonen ringde två gånger. Aaron svarade på en gång. Jag blev upprymd. Jag presenterade mig själv som den läkare som hade hand om Petrina och förklarade syftet med mitt telefonsamtal. Han svarade artigt och bekräftade att han kände Petrina personligen. Jag redogjorde för hennes hälsotillstånd och förklarade varför hon behövde hans hjälp omedelbart.

Aaron var tyst en stund. Jag uppfattade ett motstånd. Det slog mig att hans tonfall saknade den sorts omtanke som man kunde förvänta sig av någon som hade stått Petrina nära och som förut hade erbjudit sig att hjälpa henne ur sin depression. Jag gav inte upp. Jag framförde Petrinas bön om hjälp och betonade vikten av att hon fick tillbaka sitt minne. Jag frågade om han kunde tänka sig att ringa henne eller träffas på min mottagning någon gång när det passade. Han övervägde sitt svar och när svaret slutligen kom var det tvetydigt.

Till slut blev jag tvungen att kontakta Aaron en andra gång. Petrina hade ett förslag. Hon ville träffa honom på min mottagning nästa besök måndagen 13 december. Aaron avböjde detta önskemål. Han svarade kategoriskt att han inte kunde göra något åtagande. Inga skäl angavs.

Jag kände mig inträngd i ett hörn ...

Kapitel Tio

Kampen för att minnas

Vilken kamp du än kämpar, fortsätt klättra. Det kanske bara är ett steg kvar till toppen.

— *Diane Westlake*

Under helgen hade Petrina skickat mig ett oroväckande meddelande:
"Hej Dr. Mack, jag har tagit antidepressiv medicin för jag hör så många röster, väldigt högljudda … Gjorde nästan som rösten sa och skar mig med en pennkniv."

Jag tyckte synd om henne och för en stund visste jag inte hur jag skulle svara. Efter något övervägande sa jag sanningen till henne. Dels trodde jag att det var viktigt för henne att känna till hur ovillig Aaron var att hjälpa henne, dels ville jag se om hon var tillräckligt stark att inse hur relationen med den mannen i själva verket var.

"Okej, jag antar att Aaron gjorde något som sårade mig. Det är därför han inte vågar träffa mig …" svarade hon lugnt. "Spelar ingen roll. Jag är säker på att jag kan komma över honom." Hon svarade med ett affärsmässigt tonfall.

Jag kände mig lättad. På samma gång lovade jag henne att jag skulle undersöka möjligheten att hjälpa henne att direkt återfå minnet genom hypnoterapi. Förhoppningsvis skulle jag lyckas.

*****

På måndagen 13 december kom Petrina till min klinik, återigen ensam. Detta skulle bli hennes sjunde terapitillfälle. Återigen verkade hon redo och inställd på det.

Vid det här laget hade hon upplevt det hypnotiska tillståndet många gånger, och att sätta henne i förbindelse med sitt omedvetna var inte svårt. Hon sjönk ner i en djup trance snabbt och jag bestämde mig för att använda arkivskåpsmetaforen i mitt hypnotiska script. Denna metafor uppfanns av Roger Allen i hans bok *Scripts and Strategies in Hypnotherapy*. Metaforen är grunden i en visuell fantasi som används för att hjälpa patienter att få tillgång till sina undertryckta minnen och att bedöma bortträngningen.

"Du kommer ihåg att jag har berättat för dig att alla dina tidigare minnen från ditt liv finns bevarade i ditt undermedvetna som i ett arkivskåp ..." Jag började grundarbetet med att ge henne en suggestion.

"Och nu kommer ditt undermedvetna att hjälpa dig att gå igenom arkivskåpet för att hitta de minnen som är viktiga för dig ... i synnerhet de minnen som hör ihop med dina problem med blackouter och att komma ihåg Aarons identitet ..." Jag fortsatte att ge henne mer suggestioner.

"Medan du slappnar av och går djupare kommer jag att räkna från ett till tre ... och när jag kommer till tre så märker du att du kommer fram till en öppen dörr och går in i ett rum där arkivskåpet är placerat."

Eftersom det var ett långt hypnosscript använde jag mig av hennes ideomotoriska responser för att bekräfta att hon faktiskt visualiserade det jag föreslog.

"Du är nu inuti rummet och ser ett bord i mitten. Vid sidan av bordet är ett högt arkivskåp med fyra grå lådor och en svart låda längst ner. De grå lådorna innehåller alla vardagliga minnen ur ditt liv och är tillgängliga när som helst när du behöver dem," fortsatte jag.

"Den svarta lådan innehåller minnen som ditt undermedvetna håller borta från dig. Svaren till de problem som du har med Aaron finns i den svarta lådan. I den svarta lådan finns de minnen som är orsaken till ditt elände. När de en gång visat sig för ditt medvetna sinne kan de inte orsaka dig problem längre."

Jag pausade ett ögonblick och fortsatte. "När du drar ut den svarta lådan ser du ett antal mappar inuti. Berätta för mig, Petrina, hur många mappar finns det?"

"Där är fyra," svarade hon mjukt men utan att tveka.

"Bra. Medan ditt undermedvetna tar ut den första filen från lådan och lägger den på bordet så öppnar du den och tittar ... Berätta för mig vad du ser."

"Jag väntar på att mamma ska komma tillbaka. Jag är ensam ..." började hon.

Ordet "ensam" slog mig omedelbart som viktigt. Medan hon fortsatte att beskriva sina skrämmande känslor av ensamhet lyssnade jag intensivt. Jag trodde att jag förstod att hon tidigare hade gjort allt som stod i hennes makt för att undvika att vara ensam. Det inkluderade att hon klängde sig fast vid en destruktiv relation. Och därför hamnade hon i sitt nuvarande tillstånd. Nu när hon hade blottat sina känslor bad jag henne gå till slutet av den sista sidan av mappen och lägga den på bordet.

"Nu kan du öppna den andra mappen och berätta för mig vad som finns i den."

"Joshua svek mig. Bara tomma löften. Han säger att när vi gifter oss ska han ge mig ett riktigt bröllop ... Alla hans räkningar är inte betalda ... Hat ... Jag älskade honom mycket ... Hazel ... hon svek mig. Joshua ... han misshandlade mig."

Petrina började bli upprörd. Återigen kunde jag förstå hur smärtsamt det var för henne att behöva medge att någon som hon älskade och som hon trodde också hade älskat henne faktiskt kunde misshandla henne fysiskt. Hon hade ursäktat hans beteende och ville tro honom om gott.

Efter det bad jag henne slå igen den andra mappen och öppna den tredje.

Petrina beskrev då sin negativa upplevelse med sin emotionellt kränkande chef. Shirlene tycktes vara den sortens person som hade ett överdrivet behov av att utöva kontroll över andra. "Shirlene ... Jag bad henne om ledigt. Hon sa att det är jag som tjatar om mitt olyckliga förflutna. Jag är väldigt trött. Hon tvingar mig att arbeta. Jag tiggde om obetald ledighet. Jag ville träffa en läkare. Men hon säger att hon inte kommer att hjälpa mig. Jag känner mig patetisk. Hon lägger all smärta på mig. Hon säger: 'Du kommer att förlora jobbet om du fortsätter så där.'"

"Nu när du har kommit igenom den tredje mappen, så vill jag att du lämnar den på bordet och öppnar den fjärde mappen. Vad hittar du där?" Jag väntade ivrigt för att höra vilka gömda minnen som skulle komma upp och om Aarons namn skulle nämnas.

Det blev en paus. "Jag ser Fabian och Aaron ..." sa hon. Fullträff! Jag väntade på att hon skulle berätta mer om Aaron.

"Jag hör röster ..." fortsatte hon. "Det är inte bra för dig." Hon pausade igen, kämpande som om hon var i vånda. Plötsligt sa hon "Jag minns inte!" och öppnade ögonen.

Sedan vi hade börjat med terapin var detta den sjätte gången som hon hade kommit ur hypnosen när Aaron nämndes.

Hon blev klarvaken, stirrade upp i taket ett ögonblick och steg upp från britsen, nedslagen och en smula ursäktande. Sessionen hade inte gått som jag väntat mig. Utan ett ord sträckte hon sig efter sin handväska och tog fram en biobiljett. Jag tittade på den och såg orden "Golden Village Cinema". Biljetten var gammal och daterad 5 juli 2010.

"Som jag berättade för dig sist, den femte juli är ett datum som jag känner mig fäst vid utan att jag vet varför." Hon talade med ömklig stämma.

Jag tittade spänt på henne och frågade, "Var det en speciell film?"

"Jag kan helt enkelt inte komma ihåg vilken film vi såg, eller med vem jag gick." Hon tittade uppriktigt på mig.

"Var det med Aaron?"

"Jag vet inte. Jag kan bara inte komma ihåg. Tror du att du kan hjälpa mig?"

I hennes blick kunde jag ana hur desperat hon var. Jag stod inför ett minnesförträngningsproblem. Än värre, minnesförträngningen användes av patienten som ett psykologiskt försvar mot emotionell smärta. För ett ögonblick undrade jag vad jag skulle säga. Jag var inte säker på vart mysteriet med hennes förträngda minnen skulle leda oss. Ändå, ur teknisk synpunkt borde det inte vara så svårt att lösa det problemet med hjälp av hypnos.

Vi kom överens om att göra ett nytt försök.

Petrina återvände till britsen och lade sig tillrätta. Hon gick snabbt ner i trancetillståndet och jag regredierade hennes medvetande tillbaks till det viktiga ögonblicket den femte dagen i juli.

"Du är nu tillbaka till den 5 juli 2010 och du ser dig själv vid Golden Village Cinema ... Berätta nu vad som händer."

"Åh, nu jag är vid bion i Tampinesgallerian. Det är mörkt inuti biografen. Filmen har börjat ... jag är tillsammans med en man och ser filmen *Karate Kid*."

"Vem exakt är denne man som du är med?"

"Han är en lång, solbränd person ..." sa hon sakta och fortfarande i djup trance. Så började hennes ögonbryn att dra ihop sig. "Åh! jag kan berätta vem det är ..." utbrast hon plötsligt. Under ett sanningens ögonblick framkastade hon: "Han är Aaron."

Fastän hon lät upphetsad över upptäckten var det egentligen precis vad jag hade förväntat mig. Alla ledtrådar så långt hade pekat mot att identiteten hos denne nyckelperson var Aaron. Men det var upplyftande att se hennes ansikte lysa upp, även om hon var i trance. Det var en aha-upplevelse för henne, och jag kände mig glad.

I det ögonblicket tycktes något märkligt hända. Petrina var fortfarande i trance. Jag hörde plötsligt en blandning av oidentifierade röster och det fanns tecken på att hon kände sig upprörd inombords. Hon började låta förvirrad och oförmögen att komma ihåg mer. Eftersom vi uppnått vårt syfte tyckte jag att det var dags att ta upp henne ur trancen.

När jag tar upp en patient ur hypnos brukar jag vanligtvis räkna baklänges från fem till ett. Någonting ytterst fascinerande hände denna gång. När jag kom till ett, vaknade hon inte. Istället stannade hon kvar i djup trance. Jag väntade en stund men hon visade inga tecken på att lätta sitt trancetillstånd. Jag skulle just försöka väcka henne en andra gång när jag plötsligt hörde ett par olika röster som kom ur hennes hals. Det lät som om någon försökte starta en konversation inuti henne.

I nästa ögonblick förstod jag att det var "delarna" i henne som talade. Det var samma delar som jag tidigare hade frammanat under terapitillfället 2 december. Dessa delar hade nu spontant kommit upp ur hennes inre psykes djup. Och dessutom uppträdde de som olika personae och började dialogen själva!

Det var fantastiskt.

Samma två delar, VILSE och GLAD, vilkas respektive roller var att förhindra återkallande av minnet och att göra Petrina glad, hade dykt upp. De pratade och käbblade i bakgrunden.

Händelserna hade tagit en oväntad vändning och jag tvingades tänka snabbt. Jag övergav mitt ursprungliga försök att få henne ur trance och bestämde mig istället för att följa med i hennes självinducerade delterapi.

Dr. Mack: Vem är det jag talar med?
VILSE: Det är Vilse.
Dr. Mack: Varför har du plötsligt dykt upp?
VILSE: Jag kommer inte att låta Petrina minnas. [syftandes på Aaron]
Dr. Mack: Varför inte?
VILSE: Det är inte bra för henne.
Dr. Mack: Vad tror du, Glad? Ska Petrina minnas Aarons identitet?

GLAD:	[Undvikandes sakfrågan] Aaron är en vänlig man. Han sitter i kläm mellan familjen och Petrina.
Dr. Mack:	Är det bäst för Petrina att glömma honom då?
GLAD:	För ögonblicket, ja.
Dr. Mack:	Men hon blir inte glad förrän hon återfått minnet av honom.
VILSE:	Petrina kan träffa Aaron, men inte just nu.
GLAD:	Jag håller med Vilse om att Petrina ska konfrontera Aaron, men bara när rätt tidpunkt dyker upp.
Dr. Mack:	Hur länge måste Petrina vänta innan hon gör det?
GLAD:	Jag vet inte. Aaron sårar Petrina och vet inte om att han sårat henne. Petrina tycker inte om det och hotar att döda sig själv.
VILSE:	Aaron framkallar Petrinas minnesförlust. De ska inte tala med varandra. Han måste ta ansvar. Han vet vad hon gick igenom och han har sårat henne. Hon måste konfrontera Aaron en dag, men bara om tidpunkten är den rätta.
Dr. Mack:	Petrina, håller du med?
Petrina:	[med emfas] **Nyckeln** är hos Aaron. Det är **nyckeln** till Petrinas hjärta.
Dr. Mack:	Glad, hur tror du att du kan hjälpa Petrina att minnas Aaron?
GLAD:	Vilse hindrar.
VILSE:	Petrina kommer att glömma Aaron. Traumat från Joshua är för stort. Hon klarar inte ett till. Aaron är **nyckel**personen till varför hon inte kan minnas saker.
Dr. Mack:	Vad exakt är Aarons relation med Petrina?
VILSE:	Det säger jag inte. Det är bara tomma löften.

Dr. Mack:	Med tomma löften, menar du då Joshua eller Aaron?
VILSE:	Båda.
Dr. Mack:	Är Aaron överhuvudtaget kär i Petrina?
VILSE:	Det vet jag inte.
Dr. Mack:	Hur ska vi hjälpa Petrina då?
VILSE:	Tja... konfrontera Aaron. Låt honom få veta att han har fått henne att lida ... men nu är inte rätt tidpunkt.
Dr. Mack:	Finns det ett bättre sätt?
VILSE:	Hon har tappat minnet. Hon älskar Aaron. Hon kommer bara att minnas Joshua och Shirlene nu för jag har blockerat minnet av Aaron.
Dr. Mack:	Glad, vad föreslår du?
GLAD:	Petrina vill inte glömma.
Petrina:	Att glömma hjälper inte för *nyckeln* är hos Aaron.
GLAD:	Jag håller med Vilse om att Petrina borde konfrontera Aaron vid någon tidpunkt.
Dr. Mack:	Petrina, håller du med om det?
Petrina:	Okej. Jag håller med alla om att lämna Aaron så länge och konfrontera honom vid lämplig tidpunkt.

Slutresultatet av diskussionen med delarna tycktes inte tillföra mycket i termer av att hitta en lösning eller ge nya insikter. Det var intressant att notera det upprepade omnämnandet av *nyckeln* som var hos Aaron. Jag förstod inte dess symbolvärde vid denna tidpunkt. Det fortsatte att vara en gåta varför Petrinas inre psyke motsatte sig att minnas Aarons identitet. Delarnas konsensus var att konfrontera Aaron bara när tidpunkten var "passande" utan någon indikation av när detta skulle kunna vara. Jag blev inte klokare.

Jag tog en paus medan Petrina gick till toaletten. Jag behövde tid att fundera igenom en ny strategi för att bryta dödläget.

Medan jag väntade på henne kom jag att tänka på det terapeutiska tillvägagångssättet som den berömda hypnoterapeuten Dr. Edith Fiore använde. Hennes metoder hade hjälpt patienter med alla sorters medicinska problem. Hon sökte alltid först efter en orsak i patientens nuvarande liv och när hon inte hittade någon undersökte hon patientens tidigare liv. Väldigt ofta var problemets kärna en händelse i ett tidigare liv, som var orsaken till symptomen i patientens nuvarande liv.

Teorin bakom detta tillvägagångssätt är karmisk och baserar sig på principen om orsak och verkan. En orsak som inte har frambringat sin verkan ännu ses som en händelse som väntar på sin fullbordan. Detta skapar en energiobalans i processen och balanseringen av energi kanske inte inträffar i spannet av en enda livstid. Om energiobalansen behöver rätta till sig själv under en annan livstid, behöver individen insikt och kunskap om själen och reinkarnation för att förstå meningen med händelserna i sitt nuvarande liv och effekterna av sin respons på dem.

Petrina återvände från toaletten. Jag drog mig till minnes att hon var buddhist och inte hade några svårigheter med reinkarnationsbegreppet och föreslog därför tidigare liv-terapi. Hon gick omedelbart med på det.

Eftersom det var hennes första tidigare liv-session valde jag en hypnotisk induktion. När hon var i ett trancetillstånd, regredierade Petrina tillbaks till ett tidigare liv i Kina, och en historia som utspelade sig under Qingdynastin utvecklade sig snabbt.

Petrina var en kejserlig konkubin i sitt tidigare liv och hon var Kejsarens favoritkonkubin. Hon beskrev kejsaren som "lång och solbränd". Där förekom palatspolitik och hon hade en allvarlig konflikt med Kejsarinnan. Sedan började berättelsen om det tidigare livet ta fart.

"Jag ska gifta mig. Jag ska giftas bort med Kejsaren," viskade hon.

"Berätta mer," uppmanade jag.

"Någon har bundit mig. Jag är i en brunn. Kejsaren räddar mig. Han tar mig med till sitt rum. Han ger mig medicin. Den är bitter. Jag sover ..." Spänningen steg i historien.

Scenen från det tidigare livet fortsatte. "Kejsaren börjar tycka om mig ... Jag dödade Kejsarinnan och blev själv Kejsarinna. Efter det har jag mardrömmar varje natt. Jag drömmer att jag dödar Kejsarinnan. Till slut dödar jag mig själv."

Tydligen var, som berättelsen utvecklades, Kejsarinnan en ond människa. Hon hade behandlat människor illa och torterade alla de andra kejserliga konkubinerna. Kejsaren tyckte inte om henne och Petrina, som var hans favoritkonkubin, var övertygad om att hon hade en moralisk rätt att göra sig av med henne. Naturligtvis fanns det ett pris att betala. Under begravningen grät Kejsaren och många människor.

Jag beslöt mig för att få fram mer detaljerad information om hennes mordkomplott mot Kejsarinnan.

"Gå tillbaks till det ögonblick när du dödar Kejsarinnan."

"Jag har instruerat kocken att förgifta Kejsarinnan. Det är en dödlig dos, given varje dag i maten under en månads tid. Hon dog efter en månad. Hon har ingen aning om att det var jag som dödade henne."

"Vad hände efter att hon dog?"

"Jag drömmer mardrömmar. Jag ser Kejsarinnan dö med öppna ögon." En rysning for genom mig.

"Vad känner du just nu?"

"Rädd."

"Vilka tankar kommer tillsammans med din rädsla?"

"Mina händer har blod på sig ... men det är värt det. Genom att döda henne har jag räddat många andra."

"Vad händer efter det?"

"Jag fortsatte att ha mardrömmar i sju år. Jag känner mig rädd, men jag har gjort det rätta." Det tycktes inte finnas någon känsla av ånger.

"Gå till det ögonblick då du tog livet av dig."

"Jag är sjuk. Jag har problem med hjärtat. Jag hängde mig. Jag vill inte att Kejsaren ska se mig lida."

"Hur känner du dig nu?"

"Kvävd," sa hon. Ordet tycktes slå an en sträng. Det lät väldigt bekant.

"Vilka tankar kommer med kvävningskänslan?"

"Väldigt obehagligt ... Snart är det över ..." Petrina kom upp ur hypnos med ett underligt ansiktsuttryck. Jag var en smula förbryllad och lite besviken.

Min första tanke var att berättelsen om det tidigare livet tycktes ha liten relevans för hennes nuvarande problem. Det som slog mig var känslan av kvävning som hon beskrev precis innan hon vaknade. Känslan av att bli "kvävd" var något som hon upprepade gånger hade erfarit i sin sjukdom under terapibehandlingarna. Hon hade också uttryckt det i sin dagbok och i sina livfulla skisser. Det som skrämde henne så i den sista delen av regressionen var något jag inte kunde komma åt.

Det var synd att jag inte hade möjlighet att utforska hennes dödsscen i större detalj. I tidigare liv-terapi är det en regel att dödsögonblicket är den punkt då den mesta läkningen görs. Det hon beskrev lät som en sorgsen, traumatisk död och den förtvivlan hennes döende själ kände skulle sannolikt vara för hennes älskare Kejsaren som hade lämnats kvar. Jag förväntade mig att alla henne olösta tankar och känslor kring dödsögonblicket skulle sammansmälta och bli till ett starkt laddat avtryck på hennes själsminne, vars essens skulle ha överförts till nuvarande livstid.

Jag noterade att Petrina var ovanligt tyst efter sin tidigare liv-regression. Det gjorde mig obehaglig till mods. Efter terapibehandlingen kommenterade hon inte berättelsen om sitt tidigare liv alls, utan såg en smula perplex ut. För en stund gissade jag att hon kände sig som jag, en smula besviken att den inte hade bidragit till att återkalla Aarons identitet.

Jag grunnade över situationen och efter några minuter tänkte jag att jag skulle göra något annat för att skingra hennes oro.

En vecka tidigare hade en annan av mina hypnoterapipatienter just återvänt från en missionsresa till Thailand. På hemvägen hade hon passerat en musikaffär i Bangkok och av en slump stött på en uppsättning CD-skivor som kallades "Meditation – Grön Musik". Hon trodde att jag skulle älska melodierna och köpte dem och gav dem till mig som en tidig julklapp. Jag hade haft dem på mitt kontor sedan dess.

CD-skivorna var producerade av Chamras Saewataporn och jag hade njutit av att lyssna på dem varje dag sedan jag fick dem. Varje skiva innehöll ett timslångt musikstycke av själfull musik som guidade lyssnaren till en inre känsla av klarhet. Av de tre tog jag fram en som hette: "Resan till inre frid". Den innehöll en inspirerande formulering: *Resan tycks aldrig ta slut. Vägen är tröttsam. Ändå är målet i sanning en belöning.* Budskapet överensstämde i hög grad med mina egna känslor.

Jag har alltid upplevt att musik har den unika förmågan att få oss medvetna om våra känslor på ett ohämmat sätt. Meditationsmusik i synnerhet har fungerat som stimulus för att hjälpa mig i mitt eget sökande i mitt undermedvetna. Jag fick min sekreterare att bränna en kopia och gav den till Petrina. Jag försäkrade henne att hon definitivt skulle finna den användbar.

*****

Jag kände mig mentalt utmattad när jag åkte hem den kvällen. Jag var mer missmodig än vanligt. Resultatet av mina terapeutiska ansträngningar hade inte levt upp till mina förväntningar och jag var fortfarande oförmögen att lista ut mysteriet bakom Petrinas sjukdom. Efter alla mina ansträngningar kunde jag bara inte förstå varför hon inte hade börjat tillfriskna som hon skulle.

Kanske allt i livet händer av en särskild anledning, sa jag till mig själv. Jag släppte tankarna på arbetet och tog en liten promenad i trädgården vid poolkanten. Den rogivande kvällsbrisen skingrade min emotionella börda. Blommorna och buskagens dofter var upplyftande och snart kände jag mig i samklang med naturen igen.

Ungefär 18.30, medan min fru gjorde i ordning middagen, slappnade jag av på soffan, öppnade min bärbara dator och loggade in på Facebook. När jag tittade igenom de nya posterna på min Facebooksida var det något som plötsligt drog till sig min uppmärksamhet. Profilbilden av ett välbekant ansikte visade sig under "vänner-på-chatten" rutan. Det var Eileen!

Eileen var en annan ovanlig patient som jag inte hade träffat på länge och plötsligt fick jag en idé. Jag bestämde mig för att använda Facebooks chattfunktion.

Jag klickade på Eileens profilbild, och en chattruta sköt upp från nedre högra hörnet av datorskärmen. "God kväll!" skrev jag.

"Hej, Dr. Mack. Hur är det med dig?" Hennes svar kom snabbt.

Eileen var en euroasisk dam som hade varit min patient i många år. Hon hade utvecklat ett ärrbråck efter ett tidigare kejsarsnitt. För några år sedan plågades hon av återkommande smärta från bråcket och hänvisades till mig av sin gynekolog. Efter viss tvekan opererade jag henne och hon återhämtade sig snabbt. Med tiden, då jag lärde känna henne bättre, anförtrodde hon mig att hon hade clairvoyanta förmågor sedan hon var liten. När hon växte upp utvecklade hon sin mediala förmåga. Som barn hade hennes föräldrar sett henne som en som bringade otur över familjen på grund av sina överjordiska visioner. Hon hade en katolsk uppfostran och älskade att tala med sina änglar. När hon växte upp mötte hon en församlingspräst en dag och fick lära sig hur hon skulle kunna använda sina naturligt mediala gåvor för goda syften. Efter det hade hon förlikat sig med sin utomsinnliga förmåga och hade hjälpt andra genom sin mediala medvetenhet.

Hon hade emellertid fortsatt att vara ödmjuk, vänlig och kärleksfull och vi hade hållit kontakten allt sedan dess.

"Hej, Eileen. Jag tror att jag behöver din hjälp beträffande en av mina patienter," skrev jag försiktigt.

"Åh, jag har väntat på att du skulle ringa mig de senaste dagarna. Idag kontaktade du mig till slut."

Det var ett häpnadsväckande svar!

I flera sekunder var jag helt förstummad. Hur kunde hon känna till mitt problem? Vad var det som pågick? Adrenalinnivån i blodet steg hastigt. Mitt hjärta bankade hårt. Jag tog ett djupt andetag och skrattade för mig själv medan jag misstroget skakade mitt huvud! Var det som jag drömde?

Så lugnade jag mig och påminde mig själv om att jag nu interagerade med en medialt utvecklad person som hade bevisat sig ha utomsensoriska förmågor.

"Du menar att du faktiskt har väntat på att jag skulle höra av mig?!" frågade jag, och försökte behärska min upphetsning.

"Ja," svarade hon lugnt.

"Jag är överraskad!" utbrast jag.

"Jag kände att du hade ett problem och väntade på att du skulle ringa mig för att få hjälp vilket ögonblick som helst. Jag har väntat hela tiden."

"Åh, jag förstår!" Mina fingrar skakade lite medan jag fumlade med tangentbordet. Jag tog ännu ett djupt andetag innan jag frenetiskt började skriva.

"Ja, den här patienten är en 25-årig kvinna som har blivit svårt misshandlad av sin ex-make. Hon gick igenom tre aborter och utvecklade skuldkänslor och depression. Hon har lidit allvarliga emotionella trauman med selektiv minnesförlust och nu har hon upprepade plötsliga blackouter. Jag har gett henne flera hypnoterapisessioner. Överlag har hon blivit bättre, men hennes blackouter och minnesförluster har åter triggats av en 'röst' som hon hörde på väg hem i en taxi. Slutligen hamnade hon inte hemma hos sig utan någon annanstans, på en lekplats i Hougang.

Hon kunde inte minnas vad som hade hänt och varför hon åkte dit. Än värre, hon glömde för stunden var hon bodde och grät i förtvivlan. Till slut fick hon hjälp av en vän och kom hem. Hon och hennes mamma blev vettskrämda. Alla förbättringar från terapin tycks bortkastad."

Jag beskrev problemet i ett enda svep. Så pausade jag och fortsatte att skriva.

"Hon kom tillbaka idag för terapi och jag fortsatte att göra vad jag kan för att hjälpa henne återfå sitt inre lugn. Jag vill inte ge upp. Men jag börjar undra om jag är rätt person att hjälpa henne ur hennes predikament. Kan du hjälpa mig och ge ett gott råd om situationen?"

Det var första gången jag hade bett om hjälp av den här sorten från Eileen, men jag betvivlade aldrig hennes villighet att stå till tjänst. Min erfarenhet av henne var att oavsett vem jag talade om, skulle hon kunna visualisera personens utseende och på något sätt veta vem jag menade. Hon delade med sig av sin underbara förmåga att snabbt kunna få en mental bild av individen ifråga med bara en kort bön följd av en hastig meditation. Bilder av personer som hon fick på detta vis var oftast inte i helkroppsfigur, men tillräckligt tydliga för att agera utifrån.

Det tog en stund innan Eileen svarade. Återigen förvånade svaret mig.

"Den stackaren gör sitt bästa för att komma ut ur det mörka hål som hon befinner sig i. Snälla, ge inte upp. Berlocken som hennes make använde har thailändskt ursprung."

Svaret chockade mig!

Vad hade hänt? Vad handlade berlocken om? Jag hade aldrig hört Petrina nämna någon religiös tillbedjan av thailändskt ursprung, inte heller om utövandet av magi som hennes make kunde vara inblandad i. Men jag visste att Eileen var en person vars ord jag aldrig skulle betvivla.

"Menar du att hon har någon sorts förbannelse över sig?" Jag omformulerade hennes ord omsorgsfullt så att jag verkligen skulle vara säker på att jag förstod henne till fullo.

"I mitt sinne ser jag flera thaifiguriner i ett mörkt rum," skrev hon.

"Oj då!" Jag var bestört. "Vad jag vet, är thaiförbannelser väldigt svåra att handskas med. Jag har ingen erfarenhet av dem. Hur ska jag gå tillväga?"

"Oroa dig inte. Du kommer att kunna hjälpa henne. Allt är inte förlorat ännu. Hon kom till dig vid rätt tidpunkt."

Jag kände mig en smula bekymrad av denna nya insikt. "Jag känner mig otillräcklig ... och om jag inte framhärdar kommer den stackars flickan inte att tillfriskna. Hur ska jag hantera det här?"

"Min bönegrupp är på hugget och är allesammans väldigt bönebenägna just nu. Stackars kvinna ... hon har gått igenom så mycket. Vi måste försöka hjälpa henne," fortsatte hon.

"Tacksam för ditt erbjudande om hjälp. Gud välsigne dig," skrev jag.

"Guds välsignelse ska alltid vara över dig och du är vägledd och skyddad. Med Guds goda vilja ska vi göra vårt bästa för kvinnan."

Jag loggade ut från Facebook och kände mig en smula förvirrad och osäker. Mitt sinne var ett enda sammelsurium. Jag diskuterade frågan med min fru över middagen. Hon försäkrade mig att jag skulle komma förbi hindret. I vilket fall som helst visste hon att jag aldrig ens skulle överväga att ge upp i det här skedet.

Jag gick till sängs den natten med en obesvarad fråga. Hade Petrina varit offer för en förbannelse hela tiden?

Kapitel Elva
Utmaningen

Vad vore livet om vi inte hade modet att försöka ?
– Vincent van Gogh

Det föll sig så att samtidigt som jag var mitt uppe i en Facebookchatt med Eileen gjorde Petrina en liten, tyst reflektion för sig själv.

Fastän hon hade varit tystlåten och reserverad efter gårdagens terapitillfälle, hade hon, mig ovetandes, genomgått en betydande förbättring. Faktiskt hade hon nu återhämtat det mesta, om inte allt, av sitt minne. Av någon anledning nämnde hon det inte omedelbart efter terapibehandlingen. Det som behövde lösas var bara "mysteriet" med hennes relation med Aaron.

Hon var hemma och lyssnade på meditations-CDn på låg volym för sig själv den kvällen. Hon hade målat för att få andlig klarhet och nu försökte hon uppnå samma tillstånd genom musik. Det fanns en känsla av lugn och frid som hon inte hade upplevt tidigare. Påverkad av sin mindfulness-meditation började nu den strid och oro som hade överväldigat henne de senaste veckorna falla bort som lagren hos en lök.

Senare den kvällen, en smula upplyft, skrev hon i sin dagbok:

Måndag, 13 december
⇨ 20:20
Efter terapin idag har jag fått tillbaka det mesta av minnet. Det är ett gott tecken ☺. Det enda är Aaron. Jag är rädd för honom men jag måste ta tag i det. Jag kunde minnas några av mina kollegor, mina vänner, min ex-

man, det mesta av det jag gått igenom efter att ha lyssnat till meditationsskivan som Dr. Mack brände till mig ... Skulle tro att jag återhämtar mig väldigt snart ☺ !

Det meditativa tillståndet varade i ungefär tre timmar och hon flöt in i ett hypnagogt tillstånd vid 23:00. Oturligt nog väntade nya bekymmer runt hörnet.

Rösterna hade börjat komma tillbaka. Hörbara konversationer höll henne vaken. Det verkade som "skuld"-delen av henne talade. Petrina drog sig senare till minnes att hon var helt säker på att hon hörde sin egen röst säga: "Ditt liv är eländigt, du borde inte leva."

Vid ett tillfälle hörde Petrina en röst säga till henne att hon skulle ta sitt liv genom att skära sig i handleden. I ett övergångstillstånd mellan vakenhet och sömn följde hon röstens instruktioner. Hon tog en pennkniv i sin högra hand och gjorde långsamt ett 3 cm tvärsnitt över den vänstra handleden. Snart kom smärtan från snittet henne att återfå medvetandet.

Hon blev plötsligt fullt medveten. Chockad över sin dumhet, frågade hon sig: Vad är det jag gör? Hon släppte snabbt kniven och undersökte handleden. Hon hade tur. Hudskadan var ytlig och hade inte nått blodkärlen som finns i det undre lagret. Blödningen var minimal och hon var utom fara. Hon tvättade och lade om såret och försökte somna om.

Det var ett svårt ögonblick. Under de två senaste veckorna hade Petrina gjort beslutsamma ansträngningar för att bli bra och hon hade redan kommit långt på vägen. Hon försäkrade sig återigen om att hon inte skulle slösa bort sina ansträngningar utan skulle fortsätta vara stark och tillfriskna snabbt. Den natten började hon med sin antidepressiva medicin igen för att lugna sig själv. Hon påminde sig om att hon behövde fortsätta.

⇨ *23:25*

Jag kan inte fortsätta så här. Jag måste konfrontera Aaron imorgon ... Jag har inte mycket tid kvar. Jag vill bli bra ... Vad var det egentligen som hände mellan oss? Varför är han så ovillig att hjälpa? Hoppas bara att jag kan hjälpa honom imorgon ...! Vill bara komma över honom!

Medicineringen hjälpte, och hon lyckades somna om efter en stund, bara för att bli väckt igen av nya röster i den tidiga morgontimmen. Denna gång lät rösterna väldigt mycket som Aarons röst.

Tisdag, 14 december
⇨ *3:09*
Jag hör ett samtal som "Jag saknar dig", och "Petrina, konfrontera honom; det är dags" ... Var det inbillning? Det vet jag inte ...

Innerst inne fanns en stark önskan att konfrontera Aaron en gång för alla och hon antog att tiden nu hade kommit för henne att göra det. Hon sa till sig själv: "Nej, nu måste jag få det överstökat. När morgonen kommer ska jag gå hem till Aaron eller till kontoret och konfrontera honom."

Den kvällen var det en fruktansvärd kamp för att somna. Petrina steg upp på morgonen och var fast besluten att hon skulle gå till botten med problemet. Hennes föräldrar och bröder hade alla gått till arbetet och hon bestämde sig för att hon skulle ta hand om saken själv. I fall Aaron inte var villig att hjälpa henne att få tillbaka minnet skulle hon vara mentalt beredd att komma över de emotionella svårigheterna helt själv. Hon sa till sig själv att hon inte hade råd att fördröja sitt tillfrisknande längre. Det var hög tid att ta steget även om hon var tvungen att helt ensam konfrontera Aaron ...

⇨ **9:00**

Att glömma alla olyckliga stunder är en bra sak ... Givet förstås att det inte leder till några hälsoproblem. Skulle tro att det är dags för mig att faktiskt möta verkligheten och gå vidare vare sig jag gillar det eller inte. Jag vill bara inte vara en börda för min familj.

Det var 9:00 på förmiddagen den 14 december. Petrina letade upp Aarons telefonnummer och företagsadress. Taxin tog henne till ett ställe i Hougang. Hon märkte till sin förvåning att det var ett bostadsområde.

På vägen dit frågade hon sig själv: Ska jag eller ska jag inte göra det här? Är det bättre att låta alla mina olyckliga minnen förbli glömda? Men en inre kraft drev på henne. Hon visste att hon måste läka sig själv och att hon behövde göra det snabbt.

Vid ankomsten fann hon sig vara vid ett av HDBs (Housing Development Board) hyreshus som hade byggts under det statligt subventionerade bostadsprogrammet. Området var beläget nära korsningen mellan Hougang Avenue och Upper Serangoon Road. Flera kvarter i området hade nyligen blivit ommålade i blå och gula nyanser. Det syntes inga affärsbyggnader eller kommersiella fastigheter i närheten.

Hon tog hissen upp till sjunde våningen och blev överraskad av att där inte fanns någon skylt som tydde på någon affärsverksamhet. Snarare såg det precis ut som en vanlig lägenhet. Så småningom insåg hon att Aaron hade kontoret i bostaden.

Hon tvekade flera ögonblick och hade inte mod att ringa på dörrklockan. Efter något övervägande, ringde hon Aarons nummer som hon hade i sin telefonbok. Någon svarade och hon frågade: "Finns där någon som heter Aaron?"

"Ja, det finns det," svarade Aaron, "och du är ...?"

"Jag heter fröken Teh," presenterade hon sig undergivet. "Jag undrar om du skulle kunna göra mig en tjänst. Jag står precis utanför entrén till ditt hus. Kan jag få tala med dig ansikte mot ansikte?" Tystnad följde och telefonlinjen bröts.

Trettio sekunder passerade. Dörren öppnades. En ung, lång och solbränd man visade sig. Han hade mörka kraftiga ögonbryn och kort rakt hår som var okammat och burrigt med sidbena. Han hade långa polisonger. Han hade mörka ögon och en lite genomträngande blick.

Framför henne stod mannen som hade förpestat hennes liv de tre senaste månaderna. Det var han som om och om igen hade triggat hennes emotionella kriser, överöst henne med mardrömmar och förföljt henne med hörselhallucinationer. Hon hade råkat ut för multipla svimningsattacker på grund av honom. Ändå hade han förblivit en främling intill detta ögonblick. Petrina var helt oförmögen att känna igen honom!

De stirrade på varandra för ett kort ögonblick. Hon tappade modet och tvekade över vad hon skulle säga härnäst. Aaron fortsatte att titta lugnt på henne och uppträdde som om han aldrig hade träffat henne förut.

Efter ett par ögonblick fångades Petrinas uppmärksamhet av hans fysiska uppenbarelse, särskilt hans solbrända ansikte. Hon bröt isen med att fråga: "Är du härifrån?"

"Ser det inte ut så?" svarade han torrt, utan att visa tecken på att bjuda in henne i lägenheten.

"Nej. Jag tycker inte att du ser ut att vara härifrån, eller är du det?" frågade hon undrande. "Men ditt efternamn är Yeong, eller hur?"

"Hmm." Han nickade.

Medan hon fortsatte att granska honom i förhoppningen om att hitta visuella ledtrådar, kämpade hon i sitt inre för att försöka minnas hur hon relaterade till eller var förbunden med denne "främling" framför henne. Hennes sinne började kännas tungt och grumligt. Minnesfragmenten trängde fram med svårighet, och pusselbitarna försökte falla på plats. Hon upplevde några få hastiga flashbacks, men att begripa hur de olika bitarna med så torftig information skulle pusslas ihop var ingen lätt uppgift i denna pressade stund.

Hon fortsatte att anstränga sig att fokusera sig mentalt. Ångesten tilltog. En rädsla för det okända överväldigade henne. Snart fick hon en skrämmande rysning som gick längs med hela kroppen. Det kändes som om hon befann sig på förbjuden mark eller hade överträtt någon helig gräns. Hennes kropp började skaka men hon kunde inte förstå varför. Klockan var 9:30 på förmiddagen en solig tisdagsmorgon och temperaturen var ljummen. Ändå ökade de fina darrningarna i musklerna snabbt både i frekvens och styrka i den omfattningen att de kunde uppfattas som skakningar.

"Mitt namn är Petrina ..." presenterade hon sig själv med darrande röst. Vid det här laget ökade stressen inombords, särskilt med den komplicerade uppgiften att förklara syftet med sitt besök. Det fanns så många oklarheter med "främlingen" som stod framför henne, vilka förvärrades av hennes rädsla för att inte veta vad hon kunde vänta sig av denne man i termer av reaktion och hjälpsamhet.

"Ja, Petrina, vad kan jag stå till tjänst med?" Han fortsatte att tala på ett uttryckslöst sätt. Petrina var, för en stund, mållös.

"Du ser ut som om du fryser," lade Aaron till, men visade inga tecken på att bjuda in henne i sitt hem.

När hon hade kommit över sina skakningar samlade hon tillräckligt med mod för att förklara att hon för närvarande led av minnesförlust och trodde att han var rätt person att hjälpa henne att tillfriskna. Aaron hade hållit sig lugn hela tiden. Det var underförstått att han gick med på att hjälpa henne. Men istället för att bjuda in henne till sig tog han med henne till bottenplanet för att fortsätta konversationen där.

Dialogen som tog sin början innebar en enorm utmaning. Eftersom innehållet som kom fram i konversationen var central för hennes minnesåterhämtning, bad Petrina Aaron om tillåtelse att spela in samtalet. Men han vägrade kategoriskt och sa att han inte kände sig bekväm med tanken. Istället lät han henne anteckna.

Hon tog fram penna och dagbok från sin handväska och öppnade boken på den sida där hon gjort sin senaste anteckning. Hon började formulera sina frågor mentalt, och den komplexa och plågsamma processen av minnesåterhämtningen tog sin början ...

Aaron hade tagit en examen i tekniska ämnen 2001, med inriktning mot elektronik och kommunikation. Efter det kom han in på psykologiprogrammet vid Murdochuniversitetet och gick ut 2009. Petrina hade alltid tänkt på honom som "psykolog" och såg upp till honom som en sådan. Efter sin examen blev han anställd av ett förvaltningsföretag som kallades PEACE Konsulttjänster som erbjöd administrativ utbildning inom organisations- och personalutveckling.

Petrina kom ihåg att hon hade träffat Aaron första gången på sjukhusets campus när han kom för att hjälpa till med introduktionskursen för nyanställda på service- och kvalitetsavdelningen. Den gavs i mars 2010. Fastän hon hade blivit anställd i september 2009 gjorde personalbristen att hon inte kunde gå introduktionskursen förrän sex månader senare.

Det var 18 anställda som var med på introduktionen. Fast det var deras första möte upplevde Petrina och Aaron en oförklarlig känsla av att höra ihop. Det var en känsla av gemenskap som om de hade känt varandra en lång tid. Under kursens gång lade de andra kursdeltagarna märke till att Aaron ofta tittade i Petrinas riktning i långa, oavbrutna stunder. Petrina för sin del tyckte att kursen var tråkig. Hennes tankar var upptagna med skilsmässoförhandlingarna och hon var inte på humör att lyssna på ledningens prat. Vad som senare slog henne som märkligt var det faktum att hon hade undermedvetna syner av en nyckel genom hela föreläsningen medan Aaron talade. Det var som om hon hade sett nyckeln bäras runt någons hals. Dessutom verkade det vara samma nyckel som hon hade ritat i sin dagbok två gånger ...

"Aaron närmade sig mig och undrade hur länge jag hade varit anställd. Jag svarade ungefär sex månader. När han kommunicerade med mig hade jag faktiskt snabba bilder av nyckeln, men jag brydde mig aldrig om att notera det," drog sig Petrina till minnes.

Fig. 15: "Nyckeln är hos Aaron."

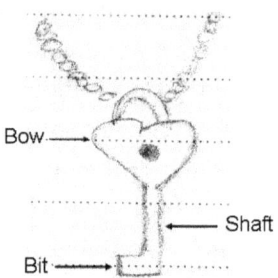

Egendomligt nog fortsatte hon att få snabba, korta minnesbilder av nyckeln till och från efter introduktionskursen, i fyra månader fram tills hennes första träff med Aaron i juli 2010. Det fanns något konsekvent med formen, utseendet och utförandet av nyckeln oavsett om bilden dök upp i hennes visioner, teckningar eller drömmar. Det var en gyllene nyckel med en röd rubin i mitten av det hjärtformade greppet med ett kort skaft och ett platt, rektangulärt ax (Fig. 15). Det fanns också en halvcirkelformad ring som satt fast i greppet med en kedja av pärlor genom ringen.

Datumet när de först gick ut tillsammans var 5 juli 2010. Då var Aaron väldigt kärleksfull mot henne. Efter att ha sett en film samma kväll åt de sashimi till middag på en japansk restaurang. Sedan dess hade de gått ut varje lördag kväll.

Vid den tidpunkten började Petrina fråga sig själv om hon skulle, eller inte skulle, tillåta deras relation att utvecklas och fördjupas. Hon hade just påbörjat skilsmässoförhandlingarna två månader tidigare och hade knappast kommit över traumat med sin misshandlande make. Intuitivt kände hon att det inte var ett klokt drag att binda sig så snabbt i en ny relation så snart efter uppbrottet från en misshandlande man. Å andra sidan behövde hon sällskap. Hennes tidigare umgängeskrets som stod Hazel och Joshua nära hade alla lämnat henne och hon kände sig ensam.

Aaron verkade vara en god lyssnare och visade empati. Ändå avfärdade Petrina flera gånger tanken på att gå in i en ny relation. Då formulerade Aaron det för henne på ett annat sätt: "Det är upp till dig om du vill släppa taget och gå vidare. Jag sträcker ut min hand till dig och valet är ditt om du vill ta den eller inte. Min familj är väldigt frisinnad. De har inget emot vårt förhållande."

Aaron var säker på att deras relation skulle fungera till slut. Ett av skälen han nämnde var att hans egen mor var frånskild och kunde förstå hur det kändes att ha ett misslyckat äktenskap bakom sig. Risken för att hans mor skulle opponera sig mot att han etablerade en relation med en frånskild kvinna skulle inte vara stor.

Petrina kände sig frestad att ta emot hans erbjudande men fortsatte att tveka en tid. Hon hade just kommit över mardrömmen med en misshandlande man och rädslan för ytterligare ett misslyckande hindrade henne. Å andra sidan hoppades hon att hennes läkningsprocess skulle påskyndas om hon kunde hitta ett mentalt ankare i en annan pålitlig person.

Fram till denna tidpunkt i sitt liv visste hon att hon inte hade haft en chans att upptäcka sig själv. Hon hade försökt uppfylla andras förväntningar på henne. Hon hade accepterat det andra hade sagt till henne om vem hon var och vilka hennes motiv var i livet. Nu behövde hon en förändring. Hon behövde få tid att upptäcka sin egen sanna natur och börja om sitt liv helt och hållet. Det var frestande att bli stöttad och kunna luta sig mot en manlig partner så att hennes fortsatta liv skulle bli lyckligt.

Slutligen, den 11 augusti bestämde sig Petrina och Aaron för att ta relationen på allvar. Detta var ett datum som låg Petrina varmt om hjärtat. Relationen intensifierades snart därefter, till den grad att han skickade henne SMS varje timme. Trots att hon hade ansträngt sig så mycket i förhållandet var hon medveten om att hon knappt hade umgåtts med honom mer än två månader och inte kände honom på djupet. När hon blev emotionellt bunden till honom märkte hon att det blev allt svårare att vara objektiv i sin bedömning av hans personlighet och sin egen situation..

"Jag har gått igenom mycket i mitt förra äktenskap, och jag vill inte gå igenom samma sak igen i vår relation," sa hon till Aaron en gång, med en känsla av osäkerhet.

"Du är den sista jag någonsin skulle såra ..." försäkrade Aaron tryggt.

Dessvärre blev saker och ting inte som Aaron hade lovat. Gång efter annan missade han deras överenskomna möten. Efter det slutade han svara när hon ringde och kunde förbli okontaktbar dagar i följd. När han konfronterades gav han samma ursäkt varje gång att han varit upptagen. Till slut fick hon veta att hans föräldrar misstyckte till deras förhållande i sådan omfattning att han en dag ensidigt bestämde att göra slut.

"Jag har inget val. Mina föräldrar motsätter sig att jag har ett förhållande med en frånskild. Från och med nu kan vi inte träffas mer." Han gjorde sin ståndpunkt väldigt tydlig.

Petrina reagerade väldigt negativt på detta abrupta och ensidiga beslut. Vid en tidpunkt då hon var i så stort behov av emotionellt stöd kunde hon inte acceptera hans plötsliga sinnesförändring. Hon hade tagit hans första kärlekslöfte på största allvar och gömt det djupt i sitt hjärta. Faktum var att hon betraktat det som en svuren ed alltför allvarlig för att brytas. Detta plötsliga återtagande av kärleken var vare sig hållbart eller tänkbart från hennes perspektiv.

I slutänden blev chocken henne övermäktig. Detta andra emotionella trauma var illa, om inte värre, än det Joshua hade åsamkat henne. Hon blev ledsen, deprimerad och kände sig emotionellt söndertrasad. Att handskas med ett andra relations-relaterat trauma blev snabbt problematiskt.

Från det ögonblick då de brutit upp dolde sig Petrinas sanna jag. Hon blev alienerad från sina nuvarande och tidigare erfarenheter. Dessvärre ledde det till en traumatisk censur av vissa aspekter av hennes upplevelser med Aaron, på så sätt att en del glömdes bort samtidigt som andra ersattes med en idealiserad version av verkligheten.

Livet var tufft och hennes valmöjligheter begränsade. Hon behövde överleva den outhärdliga livserfarenheten men var själv oförmögen att klara det. Sårad och förvirrad trasades hon snabbt sönder under det att spänningen byggdes upp inom henne.

Hennes traumatiska glömska eskalerade samtidigt som tomhet och sorg snabbt åt sig in i hennes liv. Hon hade inga nära att dela sina erfarenheter med. Hon började känna sig splittrad och bedövad. Detta manifesterade sig slutligen som episodiska blackouter. Hon började uppleva svimningar under lunchrasterna på jobbet. Livet blev alltmer miserabelt och mörkt efter det.

Ovanstående historia rullades sakta upp i Petrinas minnesbank medan dialogen mellan Aaron och henne själv fortsatte på arkadvåningen. Vid den tidpunkt då Aaron förklarade omständigheterna under vilka de bröt upp, vaknade hon plötsligt.

Till helt nyligen hade hon gjort noggranna anteckningar i sin dagbok för att fånga innehållet i deras konversation. Plötsligt var det ett påstående som slog an på djupet. Det fick hennes tillstånd av minnesförlust att plötsligt rämna!

"Det är inte ditt fel. Inte heller är det mitt fel, och uppbrottet är inte någon stor sak i vilket fall," sa Aaron obekymrat.

Petrina blev svårt sårad över det sätt på vilket Aaron rättfärdigade sig. När allt kom omkring, var det han som till att börja med hade insisterat på förhållandet. Fastän han förmodligen var under tryck från sina föräldrar kunde han åtminstone ha erbjudit henne att de skulle ses mindre ofta tills hennes skilsmässoförhandlingar var avslutade. Hon kunde inte förstå varför det var så bråttom att bryta upp snabbt och fullkomligt. Hon hade inte ens fått träffa hans föräldrar.

Med Aarons obekymrade utsaga vaknade Petrina plötsligt upp och förstod källan till sin dissociativa amnesi. Det var besvikelsen över att fullkomligt ha lagt sin tillit i händerna på någon som hon trodde skulle rädda henne ur förtvivlans käftar. Hon hade hoppats att han var den person som hon slutligen skulle kunna luta sig mot som livspartner. Det var också skräcken för att ännu en romantisk partner skulle ge henne "tomma löften" som slutade i ytterligare ett misslyckat förhållande.

I detta ögonblick av raseri slet hon ut sidan som hon hade skrivit ur dagboken. Hon slet den i småstycken och slängde bitarna i Aarons ansikte.

Sedan kom yrseln. Det kom ett ringande ljud i hennes öron och hon började känna sig svag. Det följdes snabbt av en blackout. När hon sjönk ihop slog hon sig och skrubbade smalbenen. Hon mindes att hon hämtade sig snabbt från blackouten men bara för att svimma och falla igen. Det som var en besvikelse och frustrerande var att Aaron hade låtit henne falla varje gång utan att lyfta ett finger för att fånga upp henne. Det var otänkbart i hennes föreställningsvärld att en man som hon alltid betraktat som en älskare och den perfekte gentlemannen kunde göra så mot henne i ett så känsligt ögonblick!

*****

Jag satt på min mottagning samma morgon, upptagen med att skriva mina medicinska rapporter. Klockan var 10:40. Mobilen ringde och Aarons nummer visade sig i displayen. Jag blev förvånad eftersom jag var omedveten om vad som hade försiggått under morgonen utanför hans hem.

"Hallå," svarade jag nyfiket.

"Dr. Mack, det är Aaron." Rösten lät nervös. "Ledsen att jag ringer så plötsligt men jag trodde att du kanske kan hjälpa."

"Vad är problemet?" Jag började bli förbryllad.

"Det är Petrina." Han lät uppjagad. "Hon är hos mig just nu."

Mitt mod sjönk. Jag hade inte väntat mig att Petrina skulle vara så djärv.

"Hon sökte upp mig nu på morgonen hemma hos mig," fortsatte Aaron. "Jag har talat med henne och hjälpt henne att minnas men nu har hon fått ett sammanbrott och gråter. Jag vet inte vad jag ska göra med henne."

Genom telefonen hörde jag hur någon grät upprört och i ett upprivet tillstånd. Rösten kunde jag känna igen som Petrinas.

"Kom hon ensam?" frågade jag oroligt.

"Ja, dessvärre, och det finns ingen som kan hjälpa mig."

"Hmm ..." jag tvekade. "Kan jag få tala med henne?"

Det blev en paus med dämpade röster i bakgrunden, och sedan återkom Aarons röst. "Jag är rädd att hon är för upprörd för att tala med just nu."

Jag tänkte snabbt.

"Tja ... kanske du kan ringa hennes mamma så hon kan hämta hem henne. Hon är förmodligen på jobbet nu, men försök med mobilen." Efter incidenten när Petrina hamnade helt hjälplös och ensam på Hougang Avenue 3, och tack vare att hon glömt sin egen hemadress, hade jag tagit hennes mammas mobilnummer som en säkerhetsåtgärd. Jag letade i min telefondatabas, hittade numret och gav det verbalt till Aaron.

Jag lutade mig tillbaka i min kontorsstol och suckade. Medan jag grunnade över incidenten, försökte jag lista ut vad som möjligen skulle hända härnäst.

Tjugo minuter senare ringde Aaron tillbaks. Han lät ännu mer pressad.

"Dr. Mack, hennes mamma har inte svarat. Petrina är fortfarande här och jag vet inte vad jag ska göra med henne ... Åh, vänta lite, jag tror att hon vill tala med dig."

Ett tonfall av lättnad hördes i hans röst när han lämnade över telefonen till Petrina.

"Dr. Mack, jag kommer ihåg allting nu," sa Petrina med känslosamt darrande röst. Sedan brast hon ut i gråt och lämnade tillbaks telefonen till Aaron.

"Okej, Aaron, hon verkar väldigt upprörd." Jag bibehöll mitt lugn och sa: "Varför ger du henne inte lite tid att lugna sig så kan du skicka henne till mig på sjukhuset sedan. Hon har ett besök inbokat med mig i vilket fall som helst idag."

"Eeehh ... hur ska jag göra?"

"Det är inte säkert för henne att komma ensam, för hon kan få en blackout när som helst. Har du något emot att följa med henne?"

"Njaa ..." Det blev en stunds tystnad i andra änden. Jag kände en viss tvekan. "Eehh ... okej, men till vilken del av sjukhuset ska jag skicka henne?"

Innan jag hann svara, fortsatte Aaron undergivet. "Jag har ett annat möte jag måste på efter det här." Det var tydligt att han försökte distansera sig från Petrinas dilemma.

"Å, jag förstår. Jag kände mig besviken. I så fall kan du ju bara följa henne till taxihållplatsen vid entrén till block 3 på sjukhuset. Jag tar hand om henne därifrån."

Jag suckade. Det jag inte kunde förstå var hur Petrina kunnat bli emotionellt involverad med någon som inte tycktes visa någon rimlig nivå av kärlek eller omtanke om henne. Jag suckade igen och lade tillbaks min mobil i fickan. I sitt nuvarande fysiska tillstånd, trodde jag att det var bäst att möta henne vid hållplatsen vid sjukhusentrén. Åtminstone skulle jag få en skymt av hur mannen som hette Aaron såg ut.

Jag gissade att det skulle ta dem mellan 15 och 20 minuter att komma med taxin. Ungefär kl. 11:15 lämnade jag min mottagning och började gå mot hissen på sjunde våningen.

Medan han var i hissen ringde Aaron och berättade att han redan kommit till öppenvårdsavdelningen vid klinik C. När hissen nådde andra våningen skyndade jag mig ut och gick raskt mot kliniken. När jag nådde källarvåningen via hissen, hörde jag någon ropa på mig. Jag vände mig om och såg en lång, solbränd man. Han var ungefär 175 cm lång och hade en rödbrun T-shirt, gråfärgade shorts och sandaler. Han gick mot mig med dyster uppsyn.

"Hej, det är jag som är Aaron." Han presenterade sig.

Så äntligen fick jag träffa mannen som var orsaken till Petrinas olycka. Han hade bidragit till hennes mardrömslika attacker och misär. Han var den som fick henne att komma upp ur trance varje gång i terapin. Hans bidrag till Petrinas trauma verkade ha jämförelsevis större påverkan på henne än vad hennes man Joshua hade haft.

Han talade tydligt, långsamt och oberört. Detta trots all stress och dramatik han upplevt från Petrina de senaste timmarna hemma hos sig. Jag imponerades av hans fattning. Jag lade också märke till att han var ensam. Instinktivt tittade jag mig omkring men Petrina sågs inte till någonstans.

"Petrina har gått till toaletten." Han såg min sökande blick och förklarade. Så pekade han i riktning mot damernas vilrum som var placerat bredvid hissen.

"Du kom snabbt," anmärkte jag.

"Vi tog en taxi. Det tog bara tio minuter men hon fick tre blackouter på vägen hit."

"Har du inte bråttom?" frågade jag.

"Nej." Han skakade på huvudet.

"Hur mår Petrina nu?" frågade jag.

Utan att svara började han leta i sin bröstficka. "Förresten, jag tänkte jag skulle ge dig de här ifall du har användning för dem."

Hans vänstra hand tog något från bröstfickan och han plockade fram en handfull sönderrivna pappersbitar. Det var sexton bitar totalt och jag kände omedelbart igen dem från Petrinas dagbok. De var från den sida hon hade kastat i Aarons ansikte tidigare. Efteråt hade han plockat upp bitarna från golvet ifall de skulle vara användbara ledtrådar för att hjälpa mig i arbetet med att återge henne minnet.

"Tack," sa jag medan jag tog pappersbitarna från honom och snabbt gömde dem utom synhåll. Jag hade en obehaglig känsla av att Petrina skulle dyka upp vilket ögonblick som helst och hennes tendens att få blackouter kanske skulle triggas ännu en gång om hon fick syn på dagbokssidans bitar.

"Men vad var det egentligen som hände tidigare hemma hos dig?" frågade jag.

"Tja, Petrina kom och knackade på min dörr i morse och bad om hjälp att få tillbaka minnet. Jag pratade länge med henne och ... när hon återfick minnet blev hon väldigt upprörd och svimmade."

Medan Aaron pratade såg jag på avstånd hur Petrina kom ut från toaletten. När hon kommit igenom dörren kände hon sig svag och försökte stödja sig mot väggen. Mitt mod sjönk. Jag anade att ännu en svimningsattack var på gång. Mycket riktigt, hon började glida ner längs väggen och falla. Jag rusade fram. Precis när jag nådde fram till henne, sjönk hon till golvet. Allt hände på ett par sekunder. Eftersom det var en offentlig plats på ett välbesökt sjukhus, skapade det uppmärksamhet och uppståndelse.

Jag ropade på hjälp. Vårdbiträdena rusade efter en bårvagn och sköterskorna täckte henne tillfälligt med ett lakan medan de väntade på att den skulle komma. Jag stannade vid hennes sida med mitt pek- och långfinger på hennes radialispuls hela tiden. Hennes andning var regelbunden och jag lade märke till att hon kämpade för att öppna ögonen men var för trött för att öppna dem helt. Det gav mig en fingervisning om att hon snart skulle återfå medvetandet fullständigt.

När vårdbiträdena slutligen kom med bårvagnen lyfte sköterskorna upp henne och placerade henne på den. Sedan förflyttades hon till avskildhet i ett mottagningsrum. Hon behövde vila och vi lät henne ligga kvar. Vad jag fann så motbjudande var det faktum att Aaron hade hållit sig på avstånd hela tiden medan alla andra hade försökt hjälpa till.

Av vad jag fått veta av Petrina, var Aaron en mycket artig och förbindlig person och hade alltid uppträtt som en verklig gentleman när de var ute. Under de två månader de träffades, hade hon lagt märke till att när de var på en snabbmatsrestaurang som McDonald's hade Aaron alltid frivilligt hjälpt till att städa av borden från brickor som tidigare kunder lämnat efter sig. Han var den som, om ett bord var ostädat och även om han inte avsåg att sitta där, ändå skulle ta bort brickorna frivilligt. Han var en sådan, att om någon hade fallit på gatan, skulle han vara den första att komma dit och hjälpa.

I ljuset av det föregående verkade det helt otänkbart att Aaron aktivt avstod från att hjälpa sin tidigare flickvän som hade svimmat och fallit rakt framför ögonen på honom. Hon skulle aldrig ha kunnat drömma om att han skulle förbli orörlig hela tiden och lämna henne på golvet utan att hjälpa. Det var uppenbart att han ville avskärma sig från uppståndelsen.

En kvart senare slog sig Petrina ner i rummet med en kliniksköterska bredvid sig. Hennes ansikte hade ett uttryck av avsmak medan hon kämpade för att öppna ögonen och hämta sig från svimningsattacken.

Hon frågade bittert: "Vad i helvete gör Aaron utanför?"

Eftersom hon inte var fullt återställd undvek jag att svara. Istället lät jag henne lugna sig och få veta att jag skulle lämna henne med sköterskan en stund medan jag letade efter Aaron utanför.

Snart hittade jag honom fåraktigt ståendes i ett hörn i väntrummet. Han gjorde inga försök alls att hjälpa till när han såg Petrina svimma och falla. Medan vi andra var fullt upptagna med att föra över henne på båren hade han avsiktligt stannat en bit ifrån händelsernas centrum. Åsynen av hans distanserade hållning påminde mig plötsligt om symboliken bakom Petrinas livliga dröm 7 december. I den drömmen var han den man som inte hade brytt sig om att hjälpa henne när hon desperat försökte komma ut ur ett rum i vilket hon var inlåst (Fig. 9).

Vi återupptog konversationen från den punkt vid vilken vi avbrutits. Aaron berättade sin version av historien. Han hade ursprungligen mött Petrina 5 juli för att en gemensam vän hade bett henne överlämna en chokladask och ett tackkort till honom. Han såg det som Petrinas förevändning för att lära känna honom. Han bekräftade att de hade gått och sett *Karate Kids* i

Tampinesgallerian samma kväll. Efter filmen åt de middag på en japansk restaurang. Han hävdade att det var efter det som Petrina föll för honom. De inledde en relation mot vilken hans mor så småningom invände. Så han beslöt sig för att avblåsa det hela för att mildra spänningen i familjen. Han hade inte trott att beslutet skulle ha en så förödande effekt på henne.

Medan han talade, började hans ögon tåras och jag kunde höra att han började snyfta. Under ett ögonblick trodde jag nästan att han skulle bli känslosam.

Just då var min bedömning av Aaron att det var osannolikt att jag skulle få mer hjälp från honom utöver det han redan gjort för Petrina. Inte heller verkade han angelägen att vänta på att hon skulle vakna till sans och ta farväl av henne. Jag fattade ett snabbt beslut och var uppriktigt mot honom.

"Okej, Petrina hämtar sig från sin blackout och kan vakna upp när som helst." Sedan påminde jag Aaron, "Det kanske inte är någon god idé att du är här när hon vaknar. Jag vill inte riskera att hon får syn på dig och blir upprörd. Det är bäst att du går nu." Jag talade om det för honom i en ton av uppriktighet.

"Tack, Dr. Mack, för vad ni gjort. Vi hörs." Det fanns tecken i hans ansikte på att han kände sig obekväm, men icke desto mindre lät han lättad. Han försvann raskt ur min åsyn utan minsta tvekan.

Jag suckade igen och återvände till mottagningen för att följa upp Petrina. Vid det här laget hade hon vaknat till sans. Kliniksköterskan Faridah hade tidigare hjälpt henne ner från bårvagnen och lett henne till en stol. Hon var nu vaken men synbart nedslagen. Faridah tog in en kopp varmt vatten till henne.

Det blev en lång och obehaglig tystnad i rummet. Jag tog min plats vid konsultationsbordet medan hon bytte plats till patientstolen mittemot mig. Hon tog en klunk av det varma vattnet och stirrade miserabelt på golvet framför sig. Jag satt ansikte mot ansikte med henne och beslöt mig för att det var bäst att vara tyst.

De första minuterna passerade ... hon sa ingenting. Det fanns tecken på ilska och frustration i hennes ansikte. Jag avstod aktivt från att tala. Ännu en minut passerade, och hon talade fortfarande inte. Fårorna över hennes ögonbryn började gradvis slätas ut.

Efter en fjärde minut suckade hon. Då lyfte hon sitt huvud och jag såg bitterheten i hennes ansiktsuttryck.

"Nu kommer jag ihåg allt som hänt," sa hon med ett bittert tonfall. "Han har sårat mig svårt."

"Jag vet," svarade jag mjukt.

"Var finns han nu?" frågade hon.

"Jag skickade iväg honom medan du återhämtade dig," svarade jag sakta medan jag iakttog hennes uttryck. "Jag ville inte att du skulle få syn på honom och bli upprörd igen just nu. Dessutom sa han att han hade ett annat möte han måste vara på."

Det blev flera sekunders tystnad.

"En riktig lögnhals, den där ... bara tomma löften," sa hon argt. "Vet inte varför jag involverade mig med honom. Han gör en så besviken!"

"Du är upprörd." Jag pausade. "Det har varit en svår tid för dig ... men han har åtminstone inte misshandlat dig fysiskt som Joshua."

"Men det här är värre, eller hur?" sa hon trotsigt medan hon höll upp huvudet sidledes åt vänster, samtidigt som hon blängde på mig. Jag kunde känna hur oförrätten formligen strålade ut ur hennes genomträngande blick.

Mitt hjärta värkte. Jag hade bibehållen ögonkontakt med henne men beslöt mig för att inte säga något. I ett ögonblick som detta trodde jag att tystnad var bättre.

"Tänka sig att under hela denna tid har jag varit sjuk på grund av honom. Jag borde inte ha litat på honom," sa hon ångerfullt.

Vi flydde återigen in i tystnaden. Minuterna tickade förbi. Energin i rummet var spänd. Djupt inombords undrade jag vad denna knepiga situation skulle leda till.

Kapitel Tolv

Genombrottet

Förlåtelsen är nyckeln som öppnar aggets dörr och hatets handbojor. Den är kraften som bryter bitterhetens kedjor och självhetens bojor.
— William Arthur Ward

Det verkade ha förflutit lång tid sedan Petrina och jag sågs. Mitt i all uppståndelse och dramatik då hon svimmat framför toaletten kände jag intuitivt att Eileen, min mediala vän, kom ihåg mig. Hon hade tidigare berättat för mig att hon nyligen haft problem med en luftvägsinfektion. Medan hon samma förmiddag konsulterade sin familjeläkare, skickade hon mig ett underbart SMS.

"God morgon, jag är på läkarmottagningen. Jag har ringt min bönegrupp för att be för din patient och för alla änglar att be för och hjälpa dig idag."

Meddelandet fick mig på gott humör. Det kom vid en tidpunkt då Petrina kämpade för att komma över sin ilska och jag funderade på olika sätt att hjälpa henne.

Jag satt fortfarande på mottagningen och bad tyst för Petrinas tillfrisknande. Medan jag lågt uttalade min bön fick jag plötsligt en omisskännlig känsla av att hon vände sig om.

Petrinas fysiska anspänning började lätta. Hennes andning var mer regelbunden och fårorna i hennes panna hade slätats ut. Hon verkade mer avspänd och det förbittrade ansiktsuttrycket hade försvunnit. Hennes vänliga utseende hade kommit tillbaka och hon verkade kunna släppa taget om sina bekymmer. En snabb förändringsprocess hade tagit sin början. Hennes ansiktsuttryck ljusnade och den positiva energinivån i rummet ökade.

En halvtimme senare hade Petrina återhämtat sig. Hon sa bestämt: "Det är meningslöst att bli upprörd av den mannen. Det är över."

"Jag förstår dig." Jag bekräftade hennes beslut och kände mig en smula lättad.

"Jag tror att jag vill komma hem nu," förvånade hon plötsligt mig med att säga.

"Helt ensam?" tvekade jag.

"Ja," svarade hon bestämt.

För ett ögonblick var min blick fokuserad på hennes ansiktsuttryck och jag visste inte vad jag skulle säga.

"Jag tar en taxi hem själv. Det blir nog bra." Hon tycktes läsa mina tankar.

Efter att ha tittat intensivt på henne en stund sa jag till mig själv att jag skulle lita på mina instinkter. "OK. Jag låter dig åka tillbaka på ett villkor."

"Ja?" Hon undrade vad jag menade.

"Du måste lova att ringa mig så fort du kommit hem."

Hon tittade på mig med ett ansträngt leende och nickade.

Jag följde henne till taxiparkeringen ännu en gång. Tystnad rådde.

"Sköt om dig," sa jag mjukt. En taxi stannade in och bromsade vid hållplatsen framför oss. Hon vände sig om och gav mig ett rörande leende. Det var ett leende som än en gång bekräftade min övertygelse om att hon redan var på väg att tillfriskna.

Det var middagsdags när jag såg taxin köra iväg. Jag mediterade över hennes plötsliga humörsvängning. Jag kände på mig att läkningen hade börjat och ägt rum. Jag hade en stark föraning att detta ögonblick hade inneburit en vändpunkt i hennes sjukdomstillstånd.

Ungefär kl. 13:00 tog jag emot ett SMS från Petrina som sa att hon hade kommit hem utan problem. Det var en underbar känsla. För första gången på tre veckor kände jag mig verkligen avslappnad. Jag återvände till mitt kontor och förutspådde mer goda nyheter.

Då hon kommit hem satt Petrina ner och reflekterade tyst över förmiddagens upplevelser. Hemma hos sig hade hon ett buddhistaltare. Då hon satte sig framför det spelade hon CDn som jag gett henne tidigare. Den lugnande musiken nådde hennes öron men hon kunde nu lyssna till den med hjärtat snarare än med hjärnan.

Hon hade upplevt en massa psykologisk smärta och obalans när hennes inre element varit åtskilda. Men nu skingrades hennes mentala tjatter och hon började sakta hitta vägen till den andliga dimensionen. Hennes inre fragment började sakta smälta samman i allt större helheter.

Det var en sinnesstämning av tyst frid. Medan hon mediterade ställde hon sig flera frågor: Varför är jag så ledsen? Varför alla dessa frågor? Det är över nu och varför skulle jag inte förlåta mig själv? Och om jag kan förlåta mig själv och förlåta Aaron, så kommer mitt liv att bli så mycket lättare. Varför måste jag jämföra mig med andra? Borde jag inte vara nöjd med det jag har nu eftersom det skulle göra allt så mycket enklare?

Sökandet efter svar till hennes frågor var en enorm hjälp. Tystnaden inom henne var som en stadig ljuslåga i ett stilla rum. Plötsligt upplevde hon att energi frigjordes och en känsla av välbefinnande. Det var en känsla som om den mörka natten hade förvandlats till en klar morgon. Meditationsprocessen gav henne tillbaka hennes värdighet och gjorde förlåtelsen möjlig.

Det tog inte lång tid för konflikten att upplösas och hennes mentala splittring att ge efter för helhet. Petrinas accepterande av sin situation tillät henne att erkänna den ilska och det agg som hittills hade hindrat förlåtelse. För första gången upplevde hon en djupare mening i sitt liv.

Tankarna fortsatte fridfullt att flöda. Hon vände uppmärksamheten inåt och det gjorde hennes tankar än mer rörliga och ihållande. Slutligen kom Petrina ihåg vad som utvecklade sig i hennes medvetande det där ödesdigra ögonblicket. "Kanske den Gud jag brukar offra till indirekt meddelar mig att det är dags att gå vidare och inte bry mig om onödigt trams."

Det var ett tillstånd av intensiv men avslappnad uppmärksamhet som växte inom henne. Nya insikter tycktes flöda in i det utrymme hon hade skapat. Slutligen hade hon utvecklat en förståelse för känslorna av att vara sårad och olycklig som omgav behovet av förlåtelse.

I ett skede började hon citera exempel. "Jag såg en massa dokumentärer på TV. Jag råkade se den här kvinnan från Afrika. Hon var sjuk och ändå kämpar hon för att leva ännu en dag för att få se sina barn växa upp. Så jag frågar mig, om hon har förmågan att göra det, hur kommer sig det att jag som är frisk inte kan? Det måste finnas en anledning till att Gud skapade mig sådan."

Den eftermiddagen blev en vändpunkt i hennes liv. Hennes minnen kom snabbt tillbaka. Hon mindes förhoppningarna som hon haft på att Aaron skulle hjälpa henne att vända blad medan hon gick igenom sin skilsmässa. Hon mindes hur hennes besvikelse på honom gjorde henne förkrossad och fick henne att sjunka ner i olycka. Hon mindes vilka alla hennes vänner och kollegor var som hade varit föremål för hennes glömska. Hon mindes också var och hur hon förlagt sitt läkarintyg och omständigheterna som ledde till att hon glömt att skicka in detta viktiga dokument. Hon mindes också i detalj hur hon stått ut med sin chef Shirlenes gräsliga beteende. Dessutom kunde hon komma ihåg alla människor och händelser som triggat hennes blackouter de senaste månaderna. Men allt det var över nu.

Hon hade kommit att acceptera den hon var och dömde sig inte längre så hårt för sina tillkortakommanden. Viktigast av allt, genom att lära sig att förlåta hade hon tagit ett stort steg mot att acceptera sin egen andlighet.

Kärlek var det hon levde för och likväl var det också genom kärlek som hon tidigare förblindat och plågat sig själv.

Förmågan att utforska kärlekens innebörd med utgångspunkt från människans innersta essens var sann glädje. Hon förstod att kärleken är objektiv och inte kan förvrängas av individuella fördomar. Därför kunde hon identifiera sig med andra utan att bli överväldigad. Hon insåg nu att kärleken genomsyras av intelligent insikt och hur hon kunde befria andra som blev berörda av den.

Ungefär två timmar senare hördes en signal från min bärbara telefon. Klockan var 14.48 och Petrinas meddelande innebar en milstolpe:

"Tack för allt du gjort för mig, Dr. Mack ... Det är en livsresa i vilken jag slutligen förstått vad som menas med att *'Släppa Taget'*. Istället för att hata och känna skuld har jag lärt mig överseende ... Om Aaron kontaktar dig var snäll och hälsa honom att jag är tacksam för att han hjälpte mig att återhämta mig ... Jag hatar eller skuldbelägger honom inte om han är villig att hålla kontakten på vänskaplig nivå. Min dörr kommer alltid att vara öppen för honom ... Det tar för mycket energi att hata någon och det är inte värt det ... Eftersom Gud inte tog mig måste det finnas en anledning. Så jag är tacksam att jag träffade Aaron. Han gjorde mig väldigt olycklig men indirekt gjorde han mig starkare än jag var förut."

Detta var kanske det vackraste och mest upplyftande meddelande jag hade fått från Petrina sedan den dag jag mötte henne som patient. Kärleken hade väckt hennes mod att stiga fram och givit henne tillit att kasta sig in i det nya. Det hade hjälpt henne att komma förbi blockeringar och lösa upp knutar. Slutligen hade hon lyckats nå en slutpunkt efter två veckors intensiv hypnos- och regressionsterapi.

Petrina hade återupptäckt sig själv. En mystisk inre barriär hade just släppt. I det ögonblicket hade den mest enastående insikten nått hennes medvetande. Jag höll med om hennes påstående att det var oproduktivt att hata andra. Jag mindes att någon jämförde hat med akten att bränna ner sitt hus för att bli av med en råtta. Det var en fröjd att tala med henne på telefon. Jag betonade hennes behov av att gå vidare i livet eftersom hennes välbefinnande bara skulle hämmas om hon fortsatte att klamra sig fast vid sitt förflutna.

Den kvällen reflekterade Petrina och skrev i sin dagbok:

Tisdag, 14 december
⇨ *19:40*
Kom till Aarons kontor för att konfrontera honom ... Han berättade en massa lögner. Jag förstår varför han inte vill träffa Dr. Mack. En lögnare precis som Joshua. Tänk att jag försökte begå självmord för honom och förlorade Fabian min bäste vän det var inte värt det ... Det spelar ingen roll ... Utan honom skulle jag inte bli frisk så snabbt. Han har sårat mig men utan honom skulle jag inte vara starkare än förut. Kan inte helt skylla på honom. Om jag inte hade gett honom chansen att börja förhållandet skulle det inte sluta så. Det är en period av livserfarenheter så jag har valt att förlåta honom och behålla honom som vän ... hata någon är för jobbigt, inte värt det. Aaron kan bara se tillbaka och ångra att han inte tog hand om mig. Fast min kärlek till honom fortfarande är väldigt stark men jag tror att en dag kommer jag över honom. Tiden läker alla sår.

Under tiden hade Aaron fåraktigt bett mig hålla honom uppdaterad om Petrinas framsteg. Det verkade som han hade dåligt samvete över att ha lämnat henne åt sitt öde på sjukhuset och begett sig hem. Jag informerade honom att hon blev bättre och att hon redan var på bättringsvägen. Jag försäkrade honom också att med utgångspunkt från min bedömning av hennes återhämtningstakt var det högst otroligt att hon skulle besvära honom fler gånger.

Han kände sig lättad och skrev ett långt meddelande till mig.

"Jag hoppas verkligen att de här minnena som hon fick tillbaka gör mer nytta än skada. Det är deprimerande att se henne i detta tillstånd, men som du sa, hon borde bli bättre för varje dag. Tack för att du hjälpte henne. Låt oss hoppas att livet fortsätter att bli bättre och bättre för hennes del. Du har varit fantastisk, Dr. Mack. Jag är glad att hon sökte upp mig idag och att jag träffade dig personligen. Hon skickade faktiskt två meddelanden efteråt, och lät mig veta att hon kom ihåg allt, men jag svarade inte eftersom jag inte vill komplicera saker och ting ytterligare. Ha en riktigt God Jul."

Medan jag läste och grunnade över Aarons meddelande undrade jag om deras relation verkligen var över som de påstått. Jag hade en pockande känsla av att något oväntat snart skulle inträffa igen. Men jag visste inte vad.

Då jag kom hem den kvällen efter arbetet kände jag mig fysiskt trött men känslomässigt upplyft. Jag hade inte upplevt en sådan känsla av trötthet på mycket länge. Då jag sjönk ner i den bekväma och mjuka soffan loggade jag in på Internet och uppdaterade syster Beatrice, syster Louise och Eileen om allt som hänt under dagen. Som vanligt var Beatrice optimistisk beträffande alla hypnoterapins framgångar.

"Dramatiskt och tröttande," kommenterade hon, "men det är värt all tid och ansträngning om det gör någons liv bättre ... Petrina har rätt; att vara arg tar en massa energi. Jag gläds med dig att hon är på bättringsvägen nu."

Beatrice lade en uppmuntrande anmärkning till sitt meddelande. "Att vara en skicklig hypnoterapeut är som att vara en skicklig jägare ... Det handlar om att använda rätt teknik för den klient som du hjälper."

Den sista meningen i hennes meddelande syftade på en kort, insiktsfull historia som hennes hypnoterapivänner från IMDHA (International Medical and Dental Hypnotherapy Association) hade delat med sig av. Hon epostade historien till mig. Jag älskade att läsa den och kallade den "Fabeln om Jägaren". Den var både träffande och inspirerande.

Fabeln om Jägaren

Det var en gång en stam ... och i den stammen fanns sonen till byns bäste jägare. Han avgudade sin far och ville vara precis som han. Varje dag tog han sin båge och pilar med sig ut och övade och övade och övade. Så pricksäker var han att ingen av de andra pojkarna i byn ens försökte utmana honom för han sköt alltid rakt och träffsäkert och vann varenda skyttetävling.

Slutligen gick hans far med på att låta honom komma med på en jakt. Han blev överlycklig. Han steg upp tidigt och tog sin båge och en pil och gick för att möta sin far. När han såg sin far, blev han chockerad. På ryggen var 3 eller 4 olika bågar och minst 100 pilar. Pojken blev förvirrad. "Far ... Varför tar du med så många pilar ... du är den bäste skytten i byn. Jag har tagit med EN pil och EN båge. Du är väl en bättre skytt än jag. Varför har du så många bågar och pilar?"

Fadern svarade ... "Jag är den bäste jägaren i byn för jag har så många olika pilar. När det regnar ... använder jag den här pilen ... när luften är torr har jag en särskild pil för det också. Den här pilen är för att skjuta fåglar ur skyn, och den här är till för att skjuta fiskar i floden. Jag har en båge för att skjuta långt, och en för att skjuta nära.. Jag har en för kaniner, en för rådjur och en för björn. Eftersom jag alltid har exakt rätt båge och exakt rätt pil för just det villebråd jag jagar, lyckas jag alltid. Och det är anledningen till att jag är den bäste jägaren i byn."

Syster Louise var mycket glad åt nyheten om Petrinas tillfrisknande. På många sätt var hon stolt över att hon tagit initiativet att lägga sig i behandlingen av hennes patients sjukdom och gett det nödvändiga stödet som gjorde terapin möjlig.

Eileen, för sin del, återkom med lika uppmuntrande ord: "Be till Gud och alla Hans änglar om hjälp. Du kommer att kunna hjälpa henne att bli en starkare person med all den tillit som krävs för att möta den nya tillvaron. Men hon behöver dig fortfarande så se efter henne ett litet tag till. Kram, du gjorde ett fantastiskt arbete."

Orden "hon behöver dig fortfarande" fångade min uppmärksamhet. Jag hade alltid tagit Eileen på orden och följt hennes råd. Mellan raderna i Eileens meddelande anade jag att Petrinas "hjälteresa" kanske inte var över ännu.

*****

Åter hemma den kvällen sov Petrina tungt och fridfullt. Det var första gången på tre år som hon hade fallit i sömn så lätt och kunnat njuta av en ostörd kvalitetssömn. Hon kände sig som en liten fågel som just hade pickat sig ut ur äggskalet.

Följande morgon kände hon sig utvilad och det var en känsla som hon inte hade upplevt på länge. Det var den första dagen då världen tycktes annorlunda. Med lättnad såg hon att all nöd och tomhet som tidigare hade varit så smärtsam hade försvunnit över natten.

Det låg en klar, gyllene dimma längs horisonten då hon tittade ut genom sitt sovrumsfönster. Luften tycktes vara full av liv. Hon hade en underbar känsla av att det skulle bli en underbar dag. Hon kände sig stark och övertygad om att alla hennes psykologiska problem hade klarats av. Allt tycktes gå hennes väg.

Efter frukosten gick hon tillbaks till sängen och tillbringade större delen av dagen sovande, helt utan sömnmedel. Fysiskt tycktes hon uppleva trötthet. Det var som om hon behövde komma ikapp all sin förlorade sömn , men det oroade henne inte.

Tisdag, 14 december
⇨ *22:07*

Det var länge sedan jag sov så gott. Det är fantastiskt att sova utan mediciner ... men att vakna i fysisk smärta för att jag svimmat några gånger. Tror att när jag föll fångade Aaron mig inte ... Besviken men ... han brukade vara så gullig och beskyddande men efter det som hände igår, så är han inte värd besväret. Särskilt när jag ser leendet på hans ansikte när jag är i det tillståndet. Bevisar bara vilken hycklare han är ...

Ser tillbaks på vad som hände igår, en del av mig hoppas att han åtminstone är gentlemannamässig nog stanna tills han ser att jag är OK och skickar hem mig ... Det verkar som han inte är det minsta ångerfull över vad han gjort. I vilket fall som helst tror jag att när han en gång ser tillbaks på det som hänt kommer han definitivt att ångra sig. Det kommer inte bli lätt att hitta någon som verkligen älskar honom. I mitt fall har jag gett kärlek både till Joshua och Aaron; det är bara det att de inte uppskattar vad de har. I samma ögonblick som jag minns allting igår och inser att Aaron har ljugit och inte har för avsikt att hjälpa mig bli frisk dör min kärlek sakta ut ...

Jag är säker på att jag kommer över honom snart. Jag har alltid sagt till mig själv att vara tacksam för det jag har innan det är för sent. Vad Aaron beträffar, gissar jag att när han ser tillbaka och vill gottgöra vad han gjort är jag inte kvar. Det är som ett kretslopp. Som man bäddar får man ligga. Jag har valt att förlåta.

Petrina kände sig som en ny människa. Som någon som hade sluppit undan livets svårigheter kände hon sig både lätt om hjärtat och full av tillförsikt. Hon hade inte glömt sina plågsamma minnen men kunde nu lugnt återkalla dem och förmådde se dem i ett annat ljus. De sista tre månaderna i hennes liv hade varit förfärliga men att uppleva smärtan på det sätt hon gjorde hade varit det mest frigörande och avgörande i hennes läkningsprocess. Hon hade ersatt agg och bitterhet med positiva känslor och tankar. Medan en del av hennes inre sår fanns kvar hade fientlighet ersatts med vänlighet. Hennes klara sinne hade visat henne vägen till källan för hennes inre frid och inspiration.

Hon hade funderat ut en grundläggande princip. Det mänskliga medvetandet var likt en fjäril som antog färgen hos det lövverk den befann sig hos. På liknande sätt verkade hennes tankar på henne på ett djupgående sätt och hade nyss omdefinierat hennes inre universum. Hon var häpen över detta och hur snabbt läkningsprocessen fortskred.

"Jag är fortfarande väldigt förvånad över att jag återhämtade mig så snabbt. Nästan bara över en natt," drog hon sig till minnes.

Ända sedan hon skickade mig budskapet om förlåtelse den dagen slapp hon fler blackouter. Hon var också helt fri från sin depression. Hennes familj var lika förvånad som hon själv. Nyheten om hennes dramatiska tillfrisknande hade snabbt nått ut till hennes vänkrets och drog till sig en ström av vänner och besökare i hennes hem.

*****

Det var eftermiddag torsdagen 16 december, och Petrinas 18e terapitillfälle. Hon dök upp på mottagningen vid 15:30 men denna gång med en gladlynt och strålande uppsyn.

Hon bar en svart klänning som nådde henne till knäna. Den var glansig och snygg med spaghettiremmar över vardera axel. Hon log och strålade av lycka och en gudinnelik charm. Runt halsen hade hon ett tunt halsband med ett hänge. Hon hade kammat håret noggrant och hade lagt en make-up som antydde en lätt rodnad på kinderna och som fick henne att verka ungdomlig och förtrollande. Hon hade lagt på lager på lager med maskara tills ögonfransarna blev tjocka och ögonen hade fått en varm glans. Det var en markerad kontrast till den bräckliga hållningen och det maskliknande ansikte hon hade när jag mötte henne första gången. Nu en strålande skönhet och med ett gnistrande självförtroende klev hon in på min mottagning.

Vi hade en mycket trevlig och givande konversation. Vi talade om många besläktade ämnen som inkluderande de lärdomar i helande som vi upplevt tillsammans. Hennes sömnsvårigheter hade försvunnit över en natt och hon hade sovit fridfullt och djupt. I själva verket hade hon sovit oavbrutet timmar i sträck natten före, och kände sig mycket bättre mentalt när hon vaknade.

Hon medgav att hon aldrig känt sig riktigt lycklig i sitt liv tills nu. Hon kunde utan ansträngning återkalla alla obehagliga minnen som hon tidigare förträngt. Hon kunde dra sig till minnes alla sina emotionella trauman och dela sina smärtsamma erfarenheter utan tvekan eller rädsla. Efter att ha delat med sig av dem kunde hon helt enkelt avfärda minnena med en axelryckning och ett leende. Hon försäkrade mig att hon skulle återuppta sitt arbete på ögonkliniken när hennes sjukskrivningsperiod var över. Dessutom var hennes chef, Shirlene, inte längre något problem.

Sedan berättade hon om sin barndom, sitt upproriska beteende och hur hon lyckats överleva i en dysfunktionell familj. Hon beskrev sina tidigare känslor av bristande trygghet och hur hon trodde att genom att gifta sig tidigt skulle hon kunna ha en man att tryggt luta sig emot.

Hon redde ut mina tvivel angående omständigheterna kring hennes tredje graviditet. Den ägde rum vid en tidpunkt då hon redan hade satt igång skilsmässoprocessen och flyttat ut ur huset. En dag kom hon dit för att hämta något hon hade glömt och stötte på Joshua. I ett ögonblick av åtrå hade han tvingat sig på henne.

Sedan talade vi om Aaron igen. Hon kände sig tillräckligt trygg för att öppet dela med sig av sina känslor och sitt inre. Petrina hade upplevt honom som en person som "föredrog att ha mer av ett familjeliv". Efter att de gjort slut beslöt han att han skulle umgås mer med sin egen familj. Istället för att enbart arbeta som en anställd i ett förvaltningföretag sa han upp sig och startade eget. Medan han fortfarande undersökte marknaden och planerade behövde hans syster hjälp och han gick in i hennes företag. Inte långt efter det fick hans systers företag allvarliga finansiella problem. Efter det startade han sin egen städverksamhet vilken hans far gick med på att finansiera.

Torsdag, 16 december
⇨ *22:15*
Idag när jag gick till mötet med Dr. Mack kände jag mig avspänd och glad. Äntligen är mardrömmen över ☺.

Jag har alltid hört folk säga att vara Glad eller Inte är ditt val, och jag har aldrig riktigt förstått vad de menar. Nu efter alla trauman och lärdomar förstår jag verkligen innebörden. För det mesta tar folk saker för givna, ber om mer, klagar, jämför sig med hur andra har det eller det ... varför får inte jag också? Vilket gör deras liv svåra för dem. Jag brukade vara som de men nu är jag annorlunda. Mitt nya jag känner att människor måste lära sig att vara nöjda med det de har. Ha inte för höga förväntningar, så blir du inte så upprörd när dina förväntningar inte blir uppfyllda. Det lustiga är att de flesta inte ser eller uppskattar det de har framför sig, men när de ser tillbaka ångrar de sig ... Så varför göra det svårt för sig?

Jag tror på karma och reinkarnation. Om ett människoliv i genomsnitt är ungefär 65 år hur många gånger behöver vi gå igenom den processen för att bli en människa igen? Om det är så, varför inte välja att leva livet till fullo, vara en lycklig människa? Du vet ändå inte vad som kommer att hända imorgon.

Jag märkte att Petrina var ovanligt öppen om sig själv, sitt förflutna och de förändringar hon hade gått igenom. Därför passade jag på att utforska de mer personliga aspekterna av hennes liv.

"Förresten, har Joshua några thailändska vänner?" Jag undvek att avslöja något om innehållet i min tidigare konversation med Eileen.

"Ja, många, faktiskt," svarade hon snabbt. De följande minuterna växte en lång berättelse fram.

"Han brukade hänga med flera av sina thailändska vänner eftersom han gör affärer med dem, men jag blev aldrig presenterad för någon av dem. Efter att vi gift oss bodde vi i en ruggig affär/lägenhet där han hade ett altare med en staty av en thaigud. Han bad regelbundet och en massa underliga saker tycktes hända i lägenheten efter det. Bland annat verkade hans böner dra till sig en massa tusenfotingar. Jag vet inte varför. Det var inte några små tusenfotingar, de var stora, mellan 12 och 18 cm långa ... det var väldigt obehagligt. För ett år sedan började han ha med sig en thaistaty inuti bilen han körde, och jag minns att det var samtidigt som vår relation började spåra ur."

Uppgifterna var häpnadsväckande. Det var förbluffande samstämmigt med vad Eileen hade berättat för mig tidigare. Jag fortsatte att sondera.

"Var det andra underligheter som du kopplar samman med Joshuas tillbedjan?"

"Ja ... väldigt skrämmande saker. För tre år sedan en kväll, ungefär 21:55, såg jag ett väsen som låg på vår säng klädd i svart och som såg ut som en vietnamesisk kvinna med långa, svarta naglar. Jag kommer inte ihåg hur länge hon var där, men hon kom aldrig tillbaka. Det var då mina sömnproblem började."

Det var en märklig dialog. Jag började fråga mig själv: Hade Petrina hela tiden brottats med en förbannelse?

Kapitel Tretton
En oavslutad affär

I synnerhet om döden är traumatisk – plötslig eller fasansfull – kommer vi inte tillrätta med vårt liv eller vår död ... Om döden är ofullständig, lämnar vi livet med det som Dr. Woolger kallar "själens oavslutade angelägenheter". Vi går genom dödens port bärandes våra olösta problem och en stark längtan efter att avsluta det som är ogjort. Dessa frågor tigger om lösning och manifesterar sig som problem i ett annat liv. Oavslutade angelägenheter kallar fram minnena.

– Carol Bowman

Vi avslutade sessionen kl. 17:45. För första gången under de tre senaste veckorna tog hon buss istället för taxi hem. När jag skickade iväg henne kom det plötsligt för mig att fråga något som jag inte haft möjlighet till när hon var sjuk.

"Förresten, Petrina, har du varit medveten om att jag inte är psykiater?"

Hon log brett. "Japp, min bror frågade mig om det häromdagen. Han undrade varför i hela friden en kirurg utövade hypnoterapi på hans syster!"

Jag log tillbaka och stod tyst vid sjukhusentrén medan jag såg henne gå i riktning mot busshållplatsen. Detta var en av mitt livs mest jublande ögonblick.

Medan hon sakta försvann i fjärran funderade jag på över de senaste tre veckornas terapeutiska erfarenheter med henne. Hon var någon vars liv jag hade förändrat med regressionsterapi. Jag hade fått henne att gå in i en inre dialog med sig själv. Genom den kunde hon dra nytta av den sanning som varit fördold och glömd inom henne. Från förtvivlans och självmordets rand hade jag hämtat tillbaka henne till sitt verkliga stabila, självsäkra och tillitsfulla jag. Hon hade valt att återuppliva sitt livsmod och beslutat sig för att gå vidare till ett liv fyllt av mening. Hon hade lärt sig att lita på sig själv snarare än att låta sig påverkas av andra. Hon tycktes ha funnit lösningen på sina problem på en högre nivå än den där hennes problem vistades.

Det var en typ av tillfredsställelse som jag aldrig hade upplevt under min trettio år långa karriär som kirurg. I inget av alla de sjukdomar som jag framgångsrikt behandlat med operationer eller mediciner hade jag upplevt en så innerlig känsla av stolthet över att ha lyckats.

Hennes mardröm låg nu bakom henne. Hon fortsatte att uppdatera mig om hur hennes hälsa förbättrades och sin känslor dag för dag.

Fig.16 : "Mardrömmen är över nu."

Hon kände sig uppåt, lugn och var genuint lycklig i sitt liv. Hon hade släppt taget om agg, hat och bitterhet och oförmågan att förlåta och hade ersatt dem med kärlek. Sömnlösheten var inte längre ett problem. Hon njöt av att sova djupt och länge och kom snabbt ifatt det hon gått miste om under de tre senaste åren. Men de långa njutningsfulla timmarna av sömn gjorde att hon fick ont i nacken!

Petrina hade nu åtagit sig att skapa sig en bättre tillvaro. Medan hon snabbt återhämtade sig de följande fyra dagarna höll hon sig sysselsatt med att packa sina tillhörigheter där hemma. Hon började förstå att hon hade en massa saker i sin ägo som hon inte längre behövde. Det inkluderade de nya klänningar som hon tidigare köpt men aldrig hade på sig och inte hade för avsikt att bära. Hon hade ingen aning vad hon skulle göra med dem och undrade om hon skulle slänga dem.

Den 18 december, medan hon packade sina kläder, hittade hon ett Musse- och Mimmi Pigg-pussel i sin garderob. Det var en julklapp som hon hade köpt i augusti till Aaron. Hon hade sparat det i garderoben och fullständigt glömt bort det ända sedan hon blev sjuk. Hon funderade på vad hon skulle göra med gåvan nu. Skulle hon slänga den eller inte?

Efter mycket funderande beslöt hon sig för att skicka presenten till Aaron ändå. Eftersom ursprungstanken var att presenten var just till honom kände hon att den hörde till honom och ingen annan. Vad som än hänt med deras relation under tiden var en annan fråga och skulle inte påverka hennes ursprungliga avsikt. Hon var mentalt förberedd på att även om Aaron i slutänden skulle bestämma sig för att slänga bort presenten skulle det vara hans val och inte störa henne. Genom att vidarebefordra gåvan till honom hade hon åtminstone en chans att förmedla sitt budskap till honom då hon skaffade presenten. När allt kom omkring skulle det vara meningslöst att ge julklappen till någon annan om den var avsedd för honom.

Hon skrev ett brev till Aaron där hon förklarade sina skäl att skicka gåvan till honom nu. Samtidigt tackade hon honom och bad om ursäkt för det obehag och den oro hon hade förorsakat honom. Efter det bad hon sin gode vän Bernard om en tjänst - att hjälpa henne att leverera presenten till Aaron!

"Varför?" frågade Bernard förvånat.

"För att avsluta det jag påbörjat," sa hon med ett beslutsamt tonfall. Hon ansåg att när allt kom omkring innebar förlåtelse att hon skulle kunna släppa det emotionella bagaget. De hade ett oavslutat mellanhavande och det var hennes plikt att se till att det avslutades.

Idén att förlåta en person var, ur Petrinas perspektiv, lika med att släppa sitt ego för att gå en bättre framtid till mötes. Hon ville verkligen komma över hela incidenten och låta Aaron veta att hon hade lyckats med det utan att skuldbelägga honom. Hon kände i synnerhet att det var viktigt att hon tackade honom för att han hjälpt henne i läkningsprocessens, trots den motvilja han visade. Hon ville inte hålla honom ansvarig för de erfarenheter hon gått igenom och föredrog att avsluta det hela. Hon visste mer än väl att det var olämpligt att hon och Aaron skulle ses igen eftersom det kunde innebära ett potentiellt trauma för hans familj. Istället kontaktade hon sin gode vän Bernard för att få hjälp.

"Ingen skulle komma på tanken att göra något sådant!" sa Bernard ursinnigt. "Han gjorde alla de här idiotiska sakerna mot dig och nu ger du honom en present! Om jag var du skulle jag antingen bränna upp den eller kanske till och med bränna josspapper!" Att bränna josspapper är vanligt i traditionella kinesiska religiösa ritualer och görs för att hedra de döda. Men uttrycket används också för att visa avsky för någon som man inte gillar.

Trots sina protester gick Bernard slutligen med på att överlämna presenten åt Petrina. Aaron var inte hemma vid tidpunkten för leveransen men presenten nådde honom till slut via hans närmaste granne. Till Petrinas glädje tackade han galant för presenten och skickade tillbaka ett tackmeddelande.

Vid det här laget hade Petrina inte bara arbetat igenom sin smärta utan också lyckats klara ut och harmoniera sina olösta konflikter. Hennes personlighet hade vaknat upp för själens potential. Hon beslöt sig för att vända sig mot den Högre Kraften för att lösa upp de återstående negativa mönstren och lära sig genom sin vishet.

Den 19 december följde Petrina med sina föräldrar för att be i tio olika kinesiska tempel i staden. Det var en mycket tröttande dag i templen men det kändes bra för henne. Det berodde på att hon hade tillbringat dyrbara stunder med sin familj. Det var en underbar upplevelse då hon lät sin andlighet hjälpa henne att göra sig av med resterna av smärtan och lyfta henne ur depressionens klor. Genom att släppa smärtan kunde hon nu välja villkorslös kärlek.

En dag när hon haft ovanligt mycket att göra slog det henne plötsligt vad hon skulle göra med alla sina kläder som hon inte längre ville ha. Hon beslöt att ge dem till behövande. Bara tanken på att ge fick henne att känna sig uppåt. Hon kände att hon kunde hjälpa andra utöver sig själv. Hon hade slutligen kommit att förstå att kärleken kan hela allt, och att älska är ett aktivt tillstånd. Med kärlek kunde hon skapa harmoni och ett aktivt intresse för andra människors välfärd. Det var ett inre idealtillstånd som försökte manifestera sig i henne och det kom fram medan hon åter funderade över begreppen terapi och personlig utveckling. Att frigöra de förträngda känslorna och att behandla sina blackouter var inte längre ett självändamål, utan snarare en serie steg i en större process som handlade om att bli medveten om det framväxande högre syftet med hennes liv, och att undanröja hindren för det.

Påföljande dag skickade hon sina nya, men oönskade saker till välgörenhetsorganisationens uppsamlingscentral i bostadsområdet. Hon upplevde en underbar känsla (Fig. 17). Efter att hon hade packat i fyra dagar var hennes rum slutligen utrensat. Det innebar en emotionell nystart på hennes livsresa.

Fig. 17: "Det känns fantastiskt!"

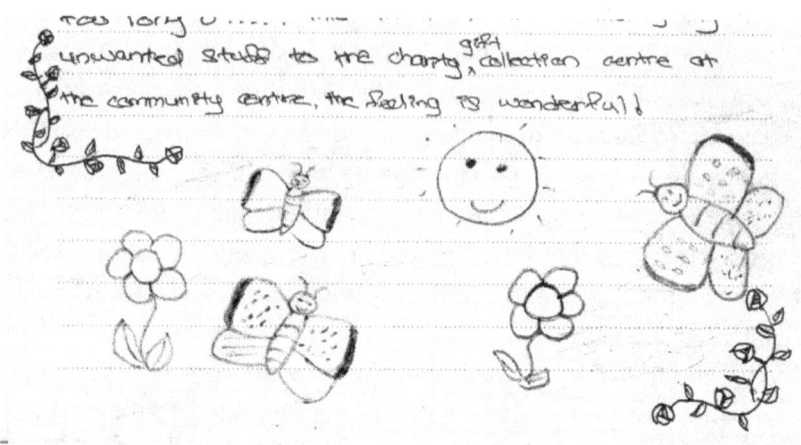

Petrina hade fortsatt med sitt dagboksskrivande och jag kände att det var en underbar vana som hon utvecklat. Genom att göra det avsatte hon tid för att reflektera, uttrycka sig själv och att släppa taget. Genom att skriva fritt om de frågor som bekymrade henne märkte hon att hon kunde formulera sådant som hon tidigare inte funderat över.

Hon kunde tydligt formulera undertryckta känslor och på så sätt klara ut vad som annars kunde blivit ett förvirrat töcken. Dagboksskrivandet hade varit hennes emotionella ankare ända sedan barndomen och varje gång hon skrev något påmindes hon om omfattningen av sina känslor och sina gamla beteendemönster som hon ville göra sig av med.

Det var nu som hon började dela sin upplevelser av sin tidigare liv-regression med sin andre bror. Hon återberättade historien som hon hade upplevt i trance. Fastän den inte hade någon uppenbar koppling till hennes nuvarande livs problem, analyserade hon berättelsen i detalj och bad om broderns åsikt med avseende på eventuella livslärdomar som kunde dras från den.

Hon var medveten om att fastän hon hade gått igenom många utmaningar i detta livet hade hon fortfarande mycket kvar att lära.

Hennes bror trodde, med det tidigare livet i åtanke, att skulden i henne följde ett särskilt mönster. Oförmågan att komma över skuldkänslorna som ledde henne till självmordsförsöket i hennes nuvarande liv var på många sätt en parallell till det som hänt i hennes tidigare liv. I det livet var det skulden som kom sig av mordet på Kejsarinnan som hon hade svårt att komma över. På samma sätt ledde det till självmord i det livet. Det var ett klargörande samtal.

"Samma sak händer om och om igen och du vägrar lyssna," kommenterade hennes bror. "Du har aldrig lärt dig lyssna. Det är som att du är en väldigt enveten person. Det är precis som din inre skuld. Du vet att vad du gjort är till viss del rätt och till en annan del fel, men du kommer inte över dina skuldkänslor."

Petrina var väl medveten om att Fabian var vuxen, och att det varit hans val att fatta ett beslut som han till viss del trodde var plikt och till en annan del hjältemod. Likväl hade skulden över att ha förlorat en god vän medan hon själv undkom döden visat sig vara ett förlamande hinder. Hon behövde komma förbi denna emotionella barriär för att kunna gå vidare.

Mitt uppe i diskussionen gick det plötsligt upp för henne att Kejsarens utseende och framträdande var välbekant! Det var ett sanningens ögonblick. Hon insåg plötsligt att Kejsaren var någon hon faktiskt kände och som stod henne nära i hennes nuvarande liv!

Petrina förebrådde sig fortfarande Fabian, som hade dött under deras gemensamt planerade självmordsförsök. Det var vid den tidpunkt då hon förlorat allt hopp efter att ett misslyckat äktenskap följts av en misslyckad relation. Det var stundens ingivelse när Fabian var deprimerad över att hans partner hade lämnat honom som hon föreslagit deras samordnade självmord. Nu hade hon överlevt men inte Fabian, och det var svårt för henne att komma över skuldkänslorna för att ha bidragit till Fabians död.

Petrina beslöt sig för att dela sin viktiga upptäckt med mig vid nästa tillfälle. Dagen därpå ringde Petrina mig för att säga att hon var ivrig att ses för att uppdatera sina framsteg. Jag välkomnade hennes initiativ. Hon anlände till mottagningen avspänd och samlad. Vi hade ett fascinerande samtal.

Fig. 18: "I have to move on in life."

Vi gjorde en detaljerad kronologisk översikt av alla händelser i sjukdomsförloppet som slutade med hennes konfrontation med Aaron. Efter det berättade hon om hur hon hade övertygat sig själv om att acceptera sitt predikament, släppa taget och gå vidare i livet. Sedan delade hon med sig av hur lycklig hon kände sig efter genombrottet för en vecka sedan.

"Det är bara sedan alldeles nyligen som jag inser att jag aldrig förut har varit lycklig ... aldrig, under mina tjugofem år. Jag är så lycklig som jag någonsin kommer att bli nu. Det har inträffat för mycket redan. Så jag tror fortfarande att mitt val att konfrontera svårigheter är väldigt viktigt. Om jag möter det öga mot öga, gör mitt misstag och går vidare blir mitt liv så mycket lättare ... snarare än att inte kunna hantera situationen ... vilket är det som orsakade hela traumat och all skuld."

Efter det rekapitulerade hon sitt emotionella trauma som omgärdade den del av relationen med Aaron som hon inte kunde förlika sig med. Hon mindes hur hon, varje gång, så fort Aaron nämndes, antingen medvetet eller i trance under terapin, låtit skuldkänslorna komma till ytan. Varje gånge detta hände blockerade skulden hennes minnen, framkallade en blackout och tog henne upp ur hypnosen. Hon bekräftade att det var Aarons tomma löften som hade gjort henne upprörd. De hade bidragit till hennes depression till och med mer än vad Joshua hade gjort.

"Jag hade satt mig i en situation som upprepade sig där Joshua gav mig en massa tomma löften och Aaron sedan gjorde samma sak. Kommer du ihåg att jag berättade att Aaron hade sagt till mig att jag är den sista han någonsin skulle såra!"

"Vilket betyder att du hade höga förhoppningar på honom vid den tidpunkten?"

"Ja ... och det plus Fabians självmord ... Allt var ihopklumpat. Jag var inte stabil då och gjorde ett misstag som ledde till Fabians död. När jag tänker tillbaka, är Aaron inte en man som är värd relationen. Så på grund av en sådan sorts man gjorde jag en sådan dum sak och Fabian dog men jag överlevde ..." hon skrattade till och avbröt meningen.

"Det här är väldigt märkligt. Jag funderade på turerna i din berättelse. Ja, det här är ett fall av emotionella och fysiska trauman, helt klart, men den delen där du verkligen var fast och inte kunde lösa var den del som gällde Aaron. Dagen när jag såg hur upprörd du var när ni två kom till mottagningen tillsammans, insåg jag att din relation med honom antagligen var mycket djupare än jag trott."

"Åh ... kommer du ihåg hur du tog mig genom min tidigare liv-regression? Nu vill jag att du ska veta att den så-kallade Kejsaren som jag såg i mitt tidigare liv faktiskt var Aaron!" Hon skrattade när hon avslöjade sin senaste upptäckt.

"Verkligen!" utbrast jag förvånat. Jag trodde knappt mina öron. Jag höll andan en stund och undrade om hon menade allvar.

"När kom du på det?"

"Det var för några dagar sedan när jag talade med min bror om mitt tidigare liv! Under samtalet upptäckte jag plötsligt vem som var Kejsaren i det tidigare livet och varför han hade ett sådant tag om mig!"

Det var en enormt spännande insikt. En våg av adrenalin sköljde igenom min kropp än en gång. Jag hade inte blivit övertygad förrän nu om att Petrinas problem faktiskt hade uppstått i ett tidigare liv. Hennes avslöjande hade plötsligt tänt mitt intresse för hennes tidigare liv. Vi diskuterade och resonerade om hur den karmiska länken mellan Aaron och henne hade burit deras oavslutade mellanhavanden från ett liv till ett annat. I slutänden kom vi fram till att det skulle vara meningsfullt att utforska hennes tidigare liv i större detalj vid ett annat tillfälle.

Vår interaktiva session slutade ungefär 17:45, då Petrina var tvungen att ge sig av eftersom hon hade kommit överens med sin mamma att ses över en middag efter arbetet. Då jag såg henne gå iväg i riktning mot pendeltågsstationen, fick jag plötsligt en stark känsla av att det fanns ett komplext karmisk band till Aaron och att det var det bandet som hon verkligen behövde lösa upp, förr eller senare.

Följande dag var Petrina ensam hemma och lyssnade på meditations-CDn som jag gett henne tidigare. En egendomlig känsla fyllde henne. På något sätt, utan att hon visste varför, upplevde hon oförklarligt att hon blev "bunden till händer och fötter". Det kändes som om omedvetna krafter arbetade för att snärja henne, och krafterna involverade Aaron. Senare skrev hon:

Onsdag, 22 december
⇨ *22:13*
Fastän jag har glömt Aaron och gått vidare fast Hmmm ... Jag kan säga förlåtit, betyder inte glömt ... Min besvikelse finns kvar. Förmodligen beror det på att en del av mig fortfarande känner att det finns kärlek för Aaron. Om du frågar mig: Varför? Efter det han gjort mot mig! ... Jag vet inte ... Men jag tror att om jag kan komma över Joshua så kan jag komma över honom också, det handlar bara om tid. Kanske hade jag alltför höga förhoppningar på Aaron, och det är därför känslorna funnits kvar tills idag ...

Under de tidiga morgontimmarna nästa dag blev Petrina väckt av en mycket märklig och störande dröm! Samme Kejsare i hennes tidigare liv dök upp, och han sa till henne: "Du har lovat att vi ska leva och växa tillsammans i nästa liv, men du har brutit löftet. Eftersom du lämnade mig utan min tillåtelse, kommer du att betala tillbaka i ditt nästa liv."

Hon vaknade ur drömmen kallsvettig. Det var en så livlig dröm. Det gick inte att missta sig på att Kejsaren i det tidigare livet var Aaron. Hennes hjärta slog hårt. Hur skulle hon betala tillbaka?

Det var en skrämmande dröm eftersom det verkade som om hennes karmiska problem med Aaron fortfarande var olöst.

Eftersom det var en tidigare liv-dröm innehöll den förmodligen en underförstådd förklaring till varför hennes relation med Aaron var så orubblig och anledningen till att hon snärjts av den underliga känslan av att bli "bunden till händer och fötter". Fastän hon kände att hon redan funnit inre frid och en ny frihet i sitt liv var hon nyfiken på hur hennes och Aarons öde skulle utveckla sig i det nuvarande livet.

Hon var också nyfiken på om hennes förbindelse med honom i det tidigare livet var verklig eller om det var en psykologisk fantasi. Om den karmiska länken existerade, vad skulle komma ut av den förbindelsen? De två hade varit älskande i det tidigare livet och hon hade lämnat honom utan att fullfölja sitt löfte. I det nuvarande livet hade de två också varit älskande, men det var han som hade lämnat henne och det genom ett tomt löfte. Var detta vedergällningen, eller var det en del av en oavslutad relationsstrid dem emellan?

Torsdag, 23 december
⇨ *2:30*

Fastän nu har jag förlåtit Aaron men jag tror eller ska jag säga jag är väldigt bestämd med att han inte ska kontakta mig. Så det är bara att vänta och se vad som händer. Folk säger alltid att framtiden är ett mysterium. Så låt oss vänta och se mysteriet då! Fastän jag känner att jag har hittat en ny frihet och mitt liv är så mycket mer fridfullt och lyckligt, så är det en liten del av mig som inte hittar total inre frid. Är det på grund av Aaron? Jag har ingen aning ...

På julaftonskvällen tog Petrina en eftermiddagslur och hade en annan otäck dröm. Hon fick snabba minnesbilder av sig själv tillbaka i det tidigare livet igen. Hon hade en livlig dröm om sig själv som en manchurisk Kejsarinna uppklädd i en hovdräkt från Qingdynastin som var klargul med fågel Fenix broderad på. Det var en verklighetstrogen känsla i drömmen som gjorde ett djupt och varaktigt intryck på henne. Jag var helt övertygad om att det var ett tecken på att hennes omedvetna släppte fram material från hennes tidigare liv.

Hon hade ett tydligt minne av att dräkten hon bar inte hade någon markerad midja. Hon bar en jacka med hästskoärm över dräkten. På huvudet hade hon en konformad manchurisk krona, sydd med röd väft. Kronan var prydd med gyllene fasanmönster, halvädelstenar och jade. Från baksidan av kragen sågs ett juvelprytt gult silkesband hänga. Dräktens halslinning var gjord av gyllene fiber och dekorerad med pärlor och jadeornament. Det fanns tre rader halsband som hängde om hennes hals och fram över bröstet. Till det bar hon ett par manchuriska skor som tvingade henne att gå på höga platåsulor.

Fig. 19: "Någon som såg ut exakt som jag!"

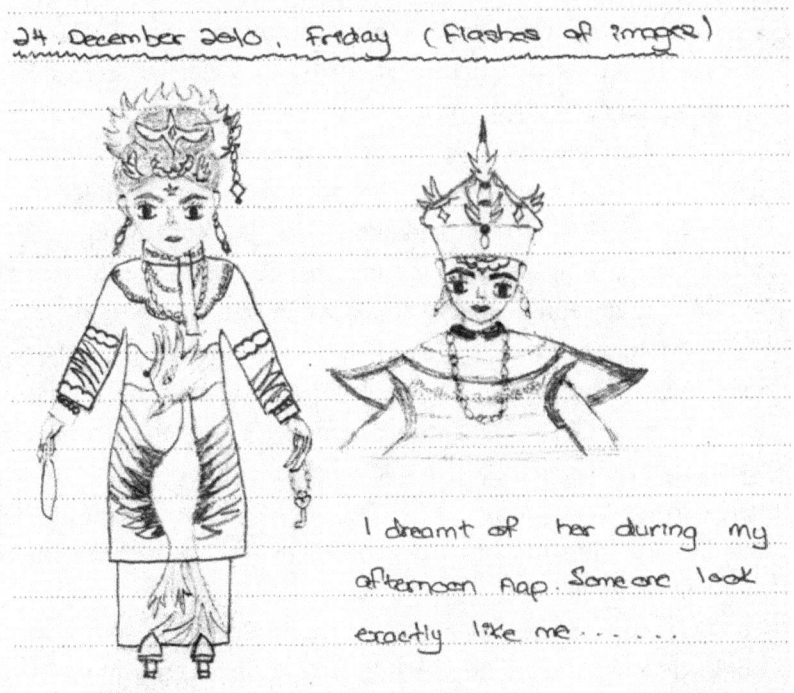

⇨ **Fredag, 24 december** *(Minnesbilder)*
Jag är helt chockerad över att verkligen se någon som ser ut som jag klä sig på det sättet ... förstår inte varför? Är hon verkligen mitt tidigare liv? Jag har aldrig läst historia, så jag har ingen aning om vilken dynasti kläderna hör till ... Men en sak vi har gemensamt är nyckeln i hennes hand ... Det är den jag ritat när jag tappade minnet. Vad finns det för koppling? Exakt vad betyder den? Vad är historien bakom den? Jag har ingen aning ... bilderna är så klara att jag kunde se att rakt in i mitten av hjärtformen är en röd rubin (nyckeln). Finns nyckeln på riktigt?

När hon vaknade hade hon en obehaglig känsla att drömmen var lika verklig som hennes nuvarande liv. Hon fick omedelbart tag på dagboken vid sidan av sängen och tecknade den tidigare livbilden av sig själv som Kejsarinnan. Detaljrikedomen som hon kunde minnas och återge var anmärkningsvärd. Teckningen representerade en konstnärlig nivå som hon aldrig varit kapabel att uppnå förr och förbluffade henne.

"Jag kan inte rita ... och jag begriper inte hur jag gjorde det här." Petrina skrattade gott när hon visade mig bilderna på Kejsarinnan (Fig. 19) i dagboken. När jag för första gången tittade på teckningarna höll jag med henne om att det inte var en lätt uppgift att reproducera så små detaljer från en dröm.

"När det gäller draken kunde jag aldrig göra färdigt teckningen förut. Aldrig någonsin har jag kunnat göra färdigt en teckning som den här ... aldrig," betonade hon. "När jag gick på gymnasiet fick jag ett projekt där jag skulle göra en skiss som den här, och jag blev aldrig färdig. Nu undrar jag verkligen hur jag kunde få ur mig det här." Hon granskade sitt konstverk än en gång med förvåning.

Jag hade aldrig tvivlat på att dessa drömmar som Petrina upplevde handlade om hennes tidigare liv. Sådana drömmar är väl kända för sin livfullhet. Genom regressionsterapin hade hon redan påbörjat sin väg mot ökad andlig medvetenhet och jag trodde att dessa drömmar skulle kunna vara ett harmoniskt sätt att arbeta med hennes karma.

I allmänhet syftar karmiska drömmar till att göra oss medvetna om oläkta karmiska problem. Jag såg den tidigare livdrömmen som något som var bra för henne eftersom hon längtade efter en förändring av omständigheterna i sitt nuvarande liv. Jag reflekterade en stund över detta. Kanske krävdes det en läkning av blockeringar med ursprung i det tidigare livet för att det skulle hända.

Som jag förstår integration av tidigare liv så är det en individuationsprocess och något som går bortom återkallandet av minnen från det tidigare livet. Identifikationen med en personlighet i ett tidigare liv påverkar vår personliga utveckling och tenderar att sudda ut de mönster som styr vårt nuvarande liv. En framgångsrik integration med ens tidigare liv är inte bara berikande utan kan också öppna ens hjärta i medkänsla för andra.

I drömmen höll Petrina samma nyckeln med den hjärtformade bågen som hon flera gånger tidigare hade ritat. Bilden var så tydlig att hon kunde visualisera nyckeln i sin vänstra hand med en röd rubin i mitten av den hjärtformade bågen. Drömmen och bilderna var så tydliga att de präglade Petrinas minne i dagar och veckor efteråt.

*****

Fyra dagar senare var bilden av Kejsaren fortfarande skarp och klar i Petrinas medvetande. Hon beslöt sig för att avbilda den i sin dagbok (Fig. 20). Kejsaren bar en gul dräkt med en drake på. Han såg exakt ut som Aaron. Framsidan av dräkten var broderad med ett enda stort drakhuvud. Resten av drakkroppen med sina fjäll och fenor var tvinnad runt dräkten. Som innan hade dräkten hästskoformade ärmar. Han bar en krona med en rund topp med en uppvikt kant. Juvelprydnaden högst upp hade fyra rader med pärlor och en stor orientalisk pärla inbäddad i översta raden.

Fig. 20: "Min tidigare liv-man, Kejsaren, ser exakt ut som Aaron"

"Min man i det tidigare livet, Kejsaren, ser exakt ut som Aaron," skrev Petrina i sin dagbok efter att hon gjort teckningarna. "Kan inte rå för att jag undrar om jag tänker för mycket eller om det bara är en del av mig som fortfarande inte kan släppa taget om den redan urholkade relationen …"

Det som inte hade förklarats var frågan om *nyckeln*. Fanns nyckeln verkligen i hennes tidigare liv, eller var det bara ett symboliskt budskap? Enligt Petrina kunde hon se att nyckeln var av guld och bortsett från rubinen i mitten av bågen bestod kedjan av en rad med pärlor. Vad, om något, var den karmiska länken bakom allt detta?

Kapitel Fjorton
Nyckeln

När någon har en stark intuitiv förbindelse, säger Buddhismen att det beror på karma, någon tidigare förbindelse.
— Richard Gere

För första gången tillbringade Petrina jul och nyår ensam. Hon tyckte att det kändes egendomligt. Fastän hon och Joshua inte stått varandra så nära som när de var nygifta, hade de tillbringat julen tillsammans innan de bröt upp. Men i år påminde henne känslan av att "vara ensam hemma" om hennes tidigare upplevelse av tomhet (Fig. 8) och hjälplöshet.

> ⇨ *Lördag, 25 december*
> *I år är jag alldeles ensam, och fortfarande inte van vid det. Skulle tro att det tar rätt lång tid innan jag har vant mig. När allt kommer omkring tror jag inte att någon vill vara ensam ... Att ha en vän att tala med är alltid bra. Inget vidare för mig, kanske den rätte inte har dykt upp, eller så har han aldrig funnits. Å andra sidan finns det något bra med att vara ensam också för du behöver inte bekymra dig om att gå ut med någon eller göra din partner upprörd. Jag kan göra vad jag vill ... det hör ihop med ensamhetskänslan ... Kan tänka mig att det är oundvikligt.*

Petrina skulle återgå till arbetet på måndagen 27 december efter julledigheten. De senaste månadernas erfarenheter av att kämpa mot sjukdomen var oförglömlig. Processen att återkalla sina förträngda minnen under en depression var i sig ett stort trauma. Hon hade medvetet fortsatt att släppa taget om sin uppdämda smärta – smärtan som hörde samman med hennes relation med Aaron. Hon visste att detta var ett sätt att lära sig förlåta sig själv och andra. Fastän förlåtelsen hade lösgjort en hel del emotionella spänningar, märkte hon också att när hon väl släppte taget började hon få svårt att lita på andra människor.

⇨ *Söndag, 26 december*
Nu när jag ser tillbaka är det som om jag läser en sagobok. Fastän jag har lärt mig att se mer positivt på saker men jag tror vad gäller Aaron är förhoppningarna för höga och därför är det en del av mig som fortfarande inte kan släppa taget. Besvikelsen finns där men kärleken är blind. Spelar ingen roll hur besviken jag blir på Aaron, jag kan fortfarande förlåta honom. Åtminstone behöver jag inte fråga mig själv varför han gjorde så.

För min del är det över och jag går vidare, det är det viktigaste, tror jag. Om jag kan komma över Joshua, kan jag komma över Aaron också. Eftersom jag fortfarande är sårad, så är det bästa jag kan göra nu att stänga mitt hjärta tills såret läkts. Med tiden kommer Aaron inte alls att påverka mig. Mellan Sorg och Glädje väljer jag att vara glad och låta naturen ha sin gång.

Allt eftersom veckorna gick var det ytterligare ett lager av rädsla och oro som skalades av från Petrina medan hon sökte efter sitt sanna jag. Det fanns stunder då hon kände att något saknades och att hon var tvungen att söka efter svar. Medan hon sökte upptäckte hon likväl att hon behövde arbeta igenom några av sina rädslor, och de inkluderade hennes rädsla för att bli övergiven.

På sin första dag tillbaka på arbetet verkade hon mycket lugnare och självsäkrare jämfört med tiden innan hon lades in på sjukhus. Flera av hennes kollegor häpnade över hennes snabba och dramatiska tillfrisknande. Några stöttade henne medan andra betvivlade att hon var redo att börja arbeta igen. Jag hade försäkrat personalavdelningen att hon var i fysisk form att återgå till arbetet. Icke desto mindre var de försiktiga med att delegera arbetsuppgifter till henne. De förändrade hennes inrapporteringsrutiner. Hon skulle hädanefter gå direkt till sin chef istället för sin tidigare chef, Shirlene. Detta avlägsnade den tidigare stressfaktorn i hennes omgivning. Sedan begränsade de hennes ansvarsområde till att endast ta hand om inskrivningarna och befriade henne från faktureringarna. Avsikten var god, men förde med sig att hon blev uttråkad.

Senare under dagen blev hon tillfrågad om hon kunde tänka sig en förändring i omfattning av sina arbetsuppgifter. Det fanns två alternativ – antingen att fylla i datauppgifter, arkivera och föra protokoll som läkarsekreterare, eller arbeta i en likvärdig position med att se efter internationella patienter vid en privat klinik. För en stund övervägde Petrina det andra alternativet vid den privata kliniken, för det arbetet hade en högre lön och gav henne tid till kvällsstudier.

I motsats till hennes tidigare chef var den nye chefen som hon rapporterade till extremt trevlig och hjälpsam. Han överraskade henne genom att själv ringa upp flera olika polikliniker och fråga om ledig plats för hennes räkning. Men hon märkte att hon fann det allt svårare att lita på en man.

Den 30 december hade Petrina en tredje karmisk dröm. Hon drömde att hon var i ett mörkt rum och hörde någon fråga: "Väntar du på Aaron? *Nyckeln* är hos honom ..."

Blotta nämnandet av *nyckeln* störde henne. Hon hade avbildat nyckeln i tre tidigare bilder i dagboken (Fig. 6, 7, 15) och två gånger som del av hennes karmiska drömmar (Fig. 9, 19). Tills nu hade hon ingen aning om hur och varför hon gjorde det. Det faktum att hon undermedvetet fortsatte att avbilda den tydde på att det fanns en stark karmisk länk till Aaron.

⇨ *Torsdag, 30 december*
Nyckeln igen! Aaron har blivit ett spöke som förföljer mig dag och natt! Det råder inget tvivel om att jag känner för honom, men jag fattar inte varför banden till honom är så starka efter vad han gjort mig ...

Efter att flera gånger ha haft drömmar om sitt tidigare liv var Petrina överväldigad av nyfikenhet på hennes och Aarons öde. Hon beslöt sig för att gå till Bugis Guanyin-templet på Waterloo Street för att bli spådd. Templet var ett favoritställe för spådom och var alltid fullt av turister och lokala besökare. Legenden sa att önskningar som gjordes här ofta blev uppfyllda.

När hon kom in i templet, tände hon några josstickor, bad och frågade tyst för sig själv: "Är det verkligen slut mellan oss? (sig och Aaron)

Efter det lade hon sin hand i lådan med "qian" eller spåstickor av bambu. Hon skakade lådan tills en bambusticka med ett nummer på föll ut. Från de öppna hyllorna tog hon en matchande papperslapp och en tolkning med en vers på kinesiska. Hon tog lappen till siaren som bodde där och bad om hjälp med tolkningen.

"Det oavslutade kommer att bli fullbordat," läste siaren bakom bordet och översatte tolkningen åt henne.

Petrina blev en smula förvånad och visste inte vad hon skulle tänka! Vad var denna oavslutade angelägenhet? Och skulle fullbordan innebära något positivt?

*****

Petrina bokade nya sessioner med mig på mottagningen 5 januari 2011. Vi diskuterade hennes bekymmer och kände båda ett behov av att tränga djupare ner i hennes tidigare liv. Min avsikt var att arbeta vidare med tidigare liv-regressioner för att begripa problemets komplexitet till fullo.

Hon dök upp 15:30 på sitt vanliga goda humör och såg

återigen fridfull och strålande ut. Hon bar sin företagsuniform bestående av en blommig blus, turkos jacka och mörkblå kjol och svarta skor. Hon hälsade varmt på mig och samtalet utvecklades snabbt till en spännande dialog.

Hon var ärlig och realistisk om sin läkningsprocess. Viktigast av allt var att hennes livsperspektiv hade ändrats. "Det är klart att jag inte kan förändras över en natt. Det är inte möjligt. Tilliten mellan mig och Aaron är död, men jag tror fortfarande att vi kan vara vänner, en vän som jag kan hjälpa ... på så sätt att han ska få veta att han sårade någon, och var snäll och gör inte det fler gånger. Indirekt bidrar jag till samhället."

Jag tilltalades av hennes sätt att se positivt på saken. Fastän hennes läkningsprocess var remarkabel var det fortfarande några krusningar på hennes en gång så turbulenta vatten. På det hela taget var resultatet fantastiskt. I motsats till farmakologiska effekter gjorde hypnoterapin inte så att hennes symptom undertrycktes. Istället befriade den hennes uppdämda emotioner genom katharsis. Alla hennes större symptom hade försvunnit. Vi var båda stolta över hennes bedrift.

Jag behövde inte använda någon långrandig induktion för denna andra tidigare liv-session. Hennes emotioner var starkt fokuserade på bilden av **nyckeln**, och jag beslöt att använda emotionerna kring **nyckeln** som en affektövergång. Min avsikt var att guida henne att undersöka varje starkt laddad tanke, känsla och kroppsupplevelse genom hela regressionen.

"Slut ögonen och ta tre djupa andetag ... Fokusera din medvetna uppmärksamhet på bilden av nyckeln ... Se om du kan känna någon emotion komma upp."

Petrina gick snabbt ner i ett trancetillstånd.

"Jag är beskyddad ..." viskade hon tyst.

"Fokusera nu på din känsla av att bli beskyddad och gå tillbaka till en tid när du kände likadant. Låt känslan ta dig tillbaka till ett tidigare liv när du upplevde samma känsla av beskydd."

"Jag är i en trädgård," viskade hon igen. "Där är floder ... och en massa soldater runtomkring." Hon började berätta.

"Titta på dig själv. Vad har du för kläder?" Jag försökte få henne att gå in i sin kropp i det tidigare livet.

"Jag ser en fågel Fenix på min dräkt."

"Vem är du?"

"Jag är Kejsarinnan." Det rådde inga tvivel om att hon var tillbaka i samma tidigare liv i Qingdynastin som hon upplevt förut.

"Hur gammal är du?"

"Tjugosex," svarade hon tveksamt.

"Titta ner på dina fötter, och beskriv vad du har på fötterna."

"Det sitter åt ..." Hon sökte efter ord och tystnade.

"Har du någonting på huvudet?" Jag uppmuntrade henne att fortsätta.

"Ja, en hatt ... väldigt tung ... där är blommor ... gyllene."

"Vilken färg är det på dräkten?"

"Röd, svart och gyllene."

"Är det någon annan i närheten?"

"Jungfrun. Hon häller upp te. Vi väntar ... Kejsaren är på väg tillbaka."

"Har han kommit?" frågade jag efter en stund.

"Nej."

"Men du är säker på att han ska komma?"

"Ja ..." hon pausade och fortsatte. "Den döda kroppen efter en vit tiger ... Det är den döda kroppen som Kejsaren skickat."

Jag blev förvånad över beskrivningen. Den vita tigern är traditionellt ett övernaturligt djur i Kina. Det härskar över den västra kvadranten i himlen enligt kinesisk metafysik. Den symboliserar styrka och makt. Jag undrade vilken relevans den vita tigern hade i hennes tidigare liv.

"Vad såg du mer?"

"*Nyckeln* hänger runt tigerns kropp." Hon fortsatte att överraska mig.

"Beskriv nyckeln." Jag ville veta om det var samma nyckel som hade påverkat henne.

"Guldfärg ... med en röd rubin i mitten." Den verkade vara identisk med hennes tidigare beskrivning.

"Vad sa soldaterna om den döda tigern?"

"Det är en gåva från Kejsaren." Det blev tyst. Jag kände att det var mer som hände än hon kunde beskriva.

Det visade sig att Petrina var djupt upptagen med att visualisera en kejserlig ritual. Den vita tigern låg ovanpå ett långt vitt bord som var täckt med en gul duk. Ett antal gyllene fat låg runt tigern. Faten såg ut som lotusformade ljusstakar. Nio ljus var tända. Datum var ingraverade på ljusen och skrivna på de målningar som hängde på platsen för ceremonin. De var skrivna med traditionella kinesiska tecken som hon inte kunde tyda. Men på ett av ljusen såg hon en uppsättning tecken som hon visste betydde den åttonde månaden (八月). En präst bad under ceremonin. På bordet var en karaff vin och en skål med vatten med en kniv bredvid. Framför henne på bordet stod två speciella bägare, en med en utsnidad drake och den andra med en utsnidad fågel Fenix. Alla dessa bilder var klara och tydliga.

"Vad hände sedan, efter att du sett nyckeln?"

"Kejsaren har kommit tillbaka."

"Beskriv honom för mig?"

"Han är lång, väldigt mörk ... Åh! Han ser precis ut som Aaron!"

Ritualen som genomfördes var tydligen en trohetsceremoni och en förklaring om evig kärlek mellan Kejsaren och henne själv som den nya Kejsarinnan. Kejsaren tog kniven, skar sig i fingret med den och lät sitt blod droppa från såret ner i vinkaraffen som sedan blandades med vatten. Efter det hällde han en del av innehållet på nyckeln och resten i de två bägarna. Sedan tog hon och Kejsaren en bägare var och drack från dem tillsammans samtidigt som de lovade varandra evig kärlek.

"Jag vill att du frågar Kejsaren varför nyckeln hängdes runt tigerns hals."

"Han hängde den där. Det är för att skydda mig. Han sa att det är nyckeln till vårt liv. Nyckeln skyddar mig och jag kommer att vara med honom tills han dör."

"Vad kände du när du hörde det?"

"Rörd."

"Några tankar som hänger ihop med den känslan?"

"Skyldig."

"Vad är det som får dig att känna skuld?"

"Jag dödade Kejsarinnan."

"Vad hände sedan?"

"Kejsaren tog nyckeln från tigerns hals och bad jungfrun tvätta den. Sedan skickade han mig nyckeln i en låda. Det är en trälåda."

Jag kom ihåg att hon tidigare hade ritat trälådan två gånger i sin dagbok (Fig. 6, 7) utan att förstå vad den betydde.

"Berätta mer om lådan."

"Det finns ett brev i lådan. Det säger att nyckeln är ett kärleksbevis. Det är nyckeln till hans hjärta och mitt hjärta … Jag tog emot nyckeln."

"Vad hände sedan?"

Det blev en paus innan berättelsen fortsatte.

"Kejsaren kom. Han säger att han är trött. Jag hjälpte honom i säng … Kejsaren sover. Jag kan inte sova. Så jag tvättade Kejsarens ben och fötter. Sedan somnade jag."

"Gå till den punkt när du vaknade och berätta vad som hände?"

"Kejsaren skickade flera läkare till mig … jag är gravid. De ordinerade en massa mediciner."

"I vilken månad är du gravid?"

"Tredje månaden."

"Vad händer sedan?"

"Jag har mardrömmar för att jag dödade Kejsarinnan."

"Vad hände sedan, efter att du haft mardrömmarna."

"Jag begick självmord."

"Berätta hur du tog livet av dig?"

"Jag hängde mig." Återigen hängde det samman med hennes tidigare regression.

"Vilken månad var du gravid i när du hängde dig?"

"Tre och en halv månad."

"Var är du nu? Är du fortfarande i kroppen eller har du lämnat den?"

"Jag har lämnat den."

"Har du fått med dig all din livsenergi?"

"Ja."

"Bra. Jag vill att du går till andevärlden och talar med din andlige vägledare ... Säg mig, kan du se din vägledare nu."

"Ja."

"Kan du fråga vägledaren vad nyckeln betyder?"

"Han skrattar ... Kejsaren älskar mig."

"Kan du fråga honom vad sambandet är mellan nyckeln i ditt tidigare liv och nyckeln i ditt nuvarande liv?"

"Det är ett löfte. Jag lovade Kejsaren att vi skulle åldras tillsammans."

"Jag vill att du träffar Kejsaren i andevärlden nu, när jag räknat till tre. Ett, två, tre ... Är han där nu?"

Med en teknik lånad från psykodrama uppmuntrade jag henne att tala med andra karaktärer från det livet så att hon skulle få ny kunskap.

"Ja."

"Finns det något du vill säga till Kejsaren som du inte hade chansen att säga när du levde?" Jag styrde dialogen så att ursäkter skulle kunna ges och mildra skulden.

"Jag säger förlåt till honom. Han säger att jag kommer att gottgöra honom."

"Fråga honom hur han förväntar sig att du ska gottgöra honom?"

"Han kommer till mig."

"Hur kommer han till dig? Och när ska han komma till dig igen?"

"Han svarar inte."

"Finns det något mer du vill säga till Kejsaren innan du lämnar honom?"

"Det kommer mer. Jag älskar honom mycket."

"Har Kejsaren något att säga dig innan du lämnar honom?"

"Han säger att han kommer att träffa mig i nästa liv."

"Vill du möta Kejsarinnan som du dödade i andevärlden?" Jag trodde att jag skulle hjälpa henne att lösa alla konflikter vid denna punkt.

"Nej," utbrast hon.

"Kan du fråga vägledaren för sista gången; finns det något mönster i det tidigare livet som upprepas i ditt nuvarande liv?"

"Han säger att jag är envis!"

Efter det tog jag ut Petrina ur trancen. I samma ögonblick som hon kom upp, bekräftade hon att Aaron verkligen var Kejsaren i det tidigare livet.

Jag hade återskapat dödsögonblicket i hennes tidigare liv så mycket som möjligt eftersom det var den psykologiska händelse som hade mest inflytande på hennes välbefinnande i hennes nuvarande liv. I en så fruktansvärd död som hängning förväntade jag mig att hon skulle ha dött ofullständigt, utan att ta farväl av sina närmaste. Alla de negativa känslor som dominerade henne i dödsögonblicket inklusive skuld, rädsla och avsky kunde ha följt hennes själ intakt in i hennes nuvarande liv. Jag trodde att hennes återupplevelse av dödsögonblicket skulle ge henne en möjlighet att motverka effekterna av negativitet. Men hennes envishet stod i vägen.

"Och i vilket fall som helst så handlar den här tidigare livsessionen om **nyckeln** och dess länk. Det är mer som ett löfte jag gett till Kejsaren," sa hon när hon vaknat.

Vid det här laget hade Petrina fått en tydligare bild av den karmiska länken och hur den påverkat henne. **Nyckeln** pekade bakåt till en orsak i hennes tidigare liv. Vad som lämnats osagt var huruvida den pekade mot en möjlig framtida förändring mellan henne och Aaron.

"Med det löftet kan jag förstå känslan av samhörighet mellan oss. Vad som oroar mig mer är om han kommer tillbaka och förföljer mig i framtiden!" Hon skrattade. Jag ansåg att hennes oro var befogad.

Petrina kunde vid det här laget tala fritt om Aaron. "Han är den mest fruktansvärda man jag någonsin mött," fnissade hon. "Faktum är att han är värre till och med än Joshua. Joshua hade åtminstone mage att stå för vad han gjort, men Aaron har gjort allt och tar inte ansvar för något." Hon skrattade igen.

"Hur som helst, så är det över ..." fortsatte hon ödmjukt. "En så fullvuxen man och så vågar han inte ens svara för vad han har gjort!" Hon sa det lugnt och utan några som helt tecken på upprördhet. Jag skulle ha förväntat mig att hennes villighet att förlåta Aaron signalerade slutet på deras oavslutade mellanhavanden. Men kanske fanns kärleken där fastän relationen var över.

Hon lämnade mottagningen den eftermiddagen och tycktes ha haft en enorm glädje av sessionen.

Kapitel Femton

Transformationen

Om du vill förminska någonting,
Måste du först låta det utvidgas.
Om du vill göra dig av med något,
Måste du först låta det frodas.
Om du vill ta något,
Måste du först låta det givas dig.
Detta kallas den subtila insikten
Om hur det är.
— Tao Te Ching

Petrinas mest påfrestande symptom hade fullständigt försvunnit nu. Det blev allt tydligare för hennes kollegor och vänner att hon hade kommit igenom det första stadiet i sitt tillfrisknande. Alla slogs av att förändringen av hennes persona var plötslig, snabb och förbluffande.

Hennes drömmar om sitt tidigare liv hade upphört efter den senaste regressionen. Dessutom hade hon inte haft några spontana visioner av bilden av nyckeln. Allt tycktes peka på slutsatsen att hennes karmiska band med Aaron bleknat till den milda grad att de inte längre bekymrade henne på hennes omedvetna nivå.

Henne utseende var ständigt strålande och hon var magnetisk i sitt umgänge med andra. Hennes kollegor drogs alltmer till henne på arbetet. Till och med de äldre övervakarna på ögonkliniken bjöd varmt in henne att vara med dem i rökpausen och småprata under lunchen. För egen del minglade hon obekymrat med dem utan betänkligheter.

Hennes gamla självbild var en blyg och inåtvänd liten flicka som höll det mesta för sig själv. Efter det att hon blivit utskriven från sjukhuset, hade hennes personlighet ändrat sig totalt. Om någon hade varit otrevlig mot henne förr skulle hon ha reagerat med ilska, och när saker inte blev som hon ville blev hon snabbt frustrerad. Hennes rättframma attityd och utåtriktade tendens tycktes hjälpa henne att handskas med svåra kunder vid disken helt friktionsfritt numera.

Förr hade Petrina varit plågsamt medveten om sin brist på självsäkerhet. Hon talade med mig om Maslows behovsstege och beskrev en gång hur hon fastnat på "trygghetsnivån." Hon hade frågat sig själv hur hon någonsin skulle kunna skapa trygghet för sin familj? Hon trodde att lösningen var att gifta sig tidigt. Genom att gifta sig, trodde hon, skulle någon ge henne den trygghet hon behövde. Hon skrattade när hon drog sig till minnes hur hon hade hanterat sitt tidigare liv.

Nu såg hon saker annorlunda. Hon medgav att hennes tidiga giftermål varit ett misstag. Det hon sökte i äktenskapet var trygghet och hon betalade ett högt pris för att inse att tryggheten aldrig hade funnits där. Paradoxalt nog, nu när hon var skild, kände hon sig väldigt säker. Hon kunde ge sig själv lycka. Hon hade aldrig haft möjligheten att uppleva trygghet och lycka i det förflutna, men nu hade hon båda.

"Att ha en familj är en välsignelse," sa hon glatt. "Det är många som saknar familj ... Fortfarande samma gamla uttryck – var nöjd med det du har, så blir du lycklig.'

Trevande tog jag upp samtalet om hennes känslor för Aaron igen. Jag ville vara säker på att hon inte längre hyste några resterande, negativa känslor för den mannen.

"Nej. Inte alls. Varför skulle jag vilja fortsätta med den karman?" sa hon flegmatiskt. "Det är som ett hjul, och jag ser hjulet gå runt. Om inte jag börjar genom att vara den som bryter kretsloppet så kanske mina barn i framtiden ..." hon tystnade med en lågmäld sorg i rösten. "Jag kanske eller kanske inte får barn i framtiden, för min gynekolog sa att jag gjort för många aborter, men de kanske får lida om karman fortsätter."

Jag var imponerad. Hennes tänkande var upplyst. Det var uppenbart att hon redan hade rest sig ur depressionen och kände samhörighet med något som hade berört och förändrat hennes liv. Jag mindes hur skulddrabbad hon varit då jag först hade träffat henne på avdelningen 24 november. Nu kunde hon använda förlåtelsen som motgift till den skuld som hade förmörkat hennes syn på världen. Nu kunde hon öppna sig för andra som hon i ett tidigare skede avfärdat. Jag kände att jag hade mycket att lära av henne.

Petrina besökte mig igen på min mottagning 13 januari. Hennes förbättrade tillstånd var oförändrat och den inre friden lyste klart igenom. Hon hade brutit all kontakt med Aaron. Jag kände att vi snart närmade oss slutpunkten för hennes terapi. Vid det här laget hade hon lyckats lägga alla emotionella förolämpningar och handikapp bakom sig. Men jag ville ge henne ytterligare en behandling för att minimera risken för att hon skulle upprepa sina misstag i framtiden. Dessutom skulle ett repetitionstillfälle av samma tidigare liv yppa detaljer som kanske förbigåtts i de tidigare sessionerna och förstärka hennes inre läkning.

Hon sjönk snabbt ner i ett trancetillstånd när jag använde en hypnotisk induktion. Att få henne tillbaks till samma tidigare liv var en enkel uppgift. Hennes kroppshållning slappnade snabbt av samtidigt som hennes långa svart hår böljade ut över kudden.

Petrina gick tillbaka till en tid i Kina när hon var Kejsarinna under Qingdynastin. Ännu en gång kunde hon tydligt identifiera Kejsaren klart och tydligt som Aaron. Samma nyckel som uppträdde i hennes drömmar och teckningar hängde runt hans hals.

"Jag är med Kejsaren i ett sammanträde med hovet," viskade hon.

"Vad är det som diskuteras?" frågade jag.

"Det är torka. Kejsaren skickar folk till stället för att hjälpa dem."

"Vilken är din roll i det här?" frågade jag.

"Jag hjälper personen som är ansvarig att förbereda och skicka ransoner till offren. Och ... skicka läkare för att hjälpa dem."

Senare fick jag veta av Petrina att Kejsaren tog av sig nyckeln och hände den runt hennes hals innan de tillsammans gav sig av på resan.

"Vad händer sedan?"

"Jag följer Kejsaren till staden. Han vill veta hur människor lever sina liv ..."

"Där är en samling tiggare och jag känner mig bekymrad över dem," fortsatte hon. "Kejsaren ger order att det ska byggas hus åt dem. Det är för varmt ... jag svimmade ... Vi återvänder till värdshuset ... läkarna kommer ..."

"Vad säger läkarna om att du svimmat?"

"Jag är gravid ... fem veckor ... Vi återvänder till palatset. Kejsaren kommer med en massa presenter."

"Vad känner du vid den tidpunkten då du inser att du är gravid?"

"Förvirrad ... "

"Vad gör du sedan?"

"Vilar ... jag får en massa stärkande drycker ... jag mår illa ... Kejsaren är glad. Han hälsar på mig varje dag. Människorna i palatset förbereder babyns ankomst ... Jag är gravid i andra månaden nu ... jag är inte glad. Jag är inte redo att bli mor."

"Vad händer när du förstår att du inte är redo?"

"Jag håller det för mig själv ... jag blir deprimerad ... jag drömmer om den förra Kejsarinnan och jag känner skuld. Detta pågår i en månad, och mot slutet av den begår jag självmord ... jag förtjänar inte att vara glad, för jag dödade Kejsarinnan."

Hon hade kommit fram till dödsögonblicket och all hennes energi hade lämnat kroppen. Jag tog henne till andevärlden för att möta sin andlige vägledare och få veta vilka lärdomar hon skulle få av det tidigare livet.

"Gå vidare," sa hon.

"Fråga din andlige vägledare om det finns ett mönster i det tidigare livet som upprepas i ditt nuvarande liv."

"Envis."

"Gå och träffa den förra Kejsarinnan i andevärlden. Är hon där nu?"

"Ja."

"Känner du igen henne som någon som du känner i ditt nuvarande liv?" Jag frågade omsorgsfullt, i hopp om att få någon viktig ledtråd.

"Nej," svarade hon bestämt.

"Tala med henne och säg det som du inte kunde säga i det livet."

Det blev tyst.

"Är det något hon vill säga till dig?"

"Det är vedergällning ..."

"Vad menar hon med vedergällning?"

"Aaron."

"Vad menar hon med det?" Jag var förbryllad.

"Vet inte ..."

"Något annat du vill säga till henne?"

"Nej," sa hon envist.

"Vad känner du gentemot henne nu?"

"Jag är inte skyldig henne någonting," genmälde hon.

"Har Kejsaren något att säga dig?"

"Han säger att det inte är över än."

"Fråga honom vad han menar med det."

"Han säger: 'Om jag inte kan få dig i detta livet, så är du ändock min i nästa liv.'"

"Vad svarar du när du hör det?"

"Nonsens!" Det var en ton av trots i hennes röst.

"Så ... är det något mer du vill säga till honom innan du lämnar honom?"

"Nej."

"Jag skulle vilja att du träffade din ofödda baby när jag räknar till tre. Kan du se babyn nu?"

"Ja."

"Har du något att säga honom?"

"Förlåt ..."

"Skulle du vilja krama honom innan du lämnar honom?"

"Nej."

"Känner du dig inte ledsen för hans skull?"

"Jo."

"Vill du inte krama honom?"

"Nej. Jag vill inte."

"På tre kommer jag att be dig lämna andevärlden och gå till en plats för helande." Efter det lämnade jag Petrina så att hon kunde omge sig med helande energi innan jag slutligen tog upp henne ur trancen.

Hon kom lugnt och stilla upp. Hon verkade lugn och samlad och log så fort hon öppnat ögonen. När hon kommit upp från britsen drog hon slutsatsen att hennes karmiska länk till Aaron inte var helt bruten. Men jag hade en känsla av att vad det än var som skulle hända härnäst så skulle det troligen inte innebära en återförening eller göra henne upprörd i någon större omfattning.

Under de följande dagarna återvände livet till det normala. Petrina uppdaterade mig alltmer sällan. Hon hade återvänt till sina gamla vänner och hade mycket roligt med dem efter arbetet. Hon hade också aktiverat sitt Facebookkonto så att hon kunde utöva sitt sociala nätverkande mer aktivt.

Den 27 januari tog jag emot ett plötsligt, känslosamt meddelande från Petrina. Hon hade gjort en häpnadsväckande upptäckt om sig själv genom att surfa på Facebook. Hon besökte Aarons Facebooksida och upptäckte något som chockade henne!

Tydligen hade Aaron ett nära förhållande med en flicka som hette Cordelia och de hade varit ett par sedan 25 december 2009. Cordelia arbetade på en bank och hennes relation med Aaron hade startat ungefär sju månader innan Aaron och Petrina började umgås.

Det var ännu ett sanningens ögonblick, men ett emotionellt sådant!

Petrina hade till en början svårt att hantera den smärta som följde. Hon hade alltid avskytt lögner och känslan av att någon ljugit för henne var än värre när oärligheten involverade en romantisk relation. Aaron hade redan brutit ett löfte till henne en gång förut och sårat henne svårt. Med denna nya upptäckt restes omedelbart flera frågor: Hade Aaron någonsin menat allvar med deras tidigare relation? Hade hans föräldrar överhuvudtaget emotsatt sig deras relation? Och om de gjort det, vad var den springande punkten för uppbrottet? Eller var det hela tiden för att han inte velat överge Cordelia?

Det fanns inget sätt för henne att få svar på frågorna. Sedan besökte hon Cordelias Facebooksida för att få veta mer. När hennes profilbild dök upp på skärmen, kände hon sig obehaglig till mods och det var något efterhängset med bilden – de tunna ögonbrynen, den platta näsan, spetsiga hakan och själfulla uppsynen. Då hon stirrade på profilbilden och lät sig sjunka djupare in i hennes uppenbarelse var det som en blixt av igenkännande gick igenom hennes kropp. Hon måste träffa den här kvinnan!

Hon arrangerade ett personligt möte med Cordelia och kunde knappt tro det när de stod öga mot öga med varandra. Det var en förbluffande insikt – Cordelia var Kejsarinnan som hon mött i sitt tidigare liv när hon varit Kejsarens konkubin! Det plötsliga igenkännandet skakade om henne från huvud till tår och det tog någon minut för henne att smälta denna insikt.

Delarna i det karmiska pusslet hade slutligen fallit på plats och passade perfekt. Denna kvinna som hon hatat så mycket i sitt tidigare liv hade kommit tillbaka. Aaron och hans tidigare livs Kejsarinna hade kommit igen för att hemsöka henne i hennes nuvarande liv! Det var ett känslosamt ögonblick och samtidigt en skrämmande chock! Hennes tidigare livs-historia återupprepades i hennes nuvarande liv men med ett modifierat script. Det var hjärtskärande.

Under de följande två dagarna reflekterade hon över situationen. Hon frågade sig flera gånger: Varför skulle jag inte acceptera det som hänt? Varför skulle jag inte kunna använda förlåtelse som motgift mot det som förmörkat mitt liv? Varför skulle jag definiera mig själv genom de som är mot mig?

Gradvis kom hon att acceptera situationen.

Lördag, 29 januari
⇨ *12:13*

Om Aaron kan svika mig, kan han svika igen ... Aaron och jag har för mycket dramatik i vårt förflutna och även om de två är tillsammans tror jag att han minns att han är skyldig mig en massa och att detta kommer att finnas kvar i hans hjärta. Cordelia kommer att känna press till slut ... Jag beklagar henne, så som jag känner i mitt tidigare liv.

De tidigare liv-regressionerna hade varit självbekräftande för Petrina men än viktigare var att de gav henne betydande läkning. Hennes hjärta var så mycket generösare än tidigare. Men upplevelsen av att de oavslutade mellanhavandena fortsatte från ett liv till nästa hade intensifierats efter att hon mött Cordelia. Det hade varit överväldigande.

Efter någon tid slog henne en ny våg av insikt. Om hon hade dödat den här kvinnan i ett tidigare liv och hon nu var tillbaka i det nuvarande livet och insnärjd i samma triangeldrama, betydde det att hon var dömd att upprepa samma mönster? Och om hon var dömd att upprepa ett mönster från ett tidigare liv, fanns det något sätt att ändra det karmiska förloppet?

Lördag, 29 januari
⇨ *7:38*
Känslan är verkligen stark ... Det är ganska svårt att säga vad som egentligen försiggick mellan oss tre men det är som en chock att allt upprepar sig exakt som i det tidigare livet.

Jag var bekymrad över att den nya händelseutvecklingen kunde få Petrinas symptom att återkomma. Men det inträffade inte. Som i all personliga utveckling hade hon mött hinder, faror och svårigheter, men detta faktum hade inte skrämt henne från att fortsätta på sin väg framåt. Hennes starka självmedvetande hade ordnat det. Hon förstod att det slutliga valet om hon ville förverkliga eller svika sin potential var upp till henne.

Dagarna gick. Hon upplevde inte fler blackouter eller de röster som brukade jaga henne. Hennes inre frid fanns kvar och förnuftet hade övertaget. Hennes accepterande av verkligheten var det "välkommen" hon hade sträckt ut till sitt självmedvetande. Det tog inte lång tid för henne att avgöra att det var med sin fria vilja hon kunde klippa bandet till Aaron. Hon ville gå vidare i livet utan att se bakåt.

"Du kan vara lugn för att jag är okay," skrev hon muntert till mig. "Folk säger alltid att tiden läker alla sår, eller hur? Ingenting är omöjligt så länge som jag har bestämt mig för att gå vidare ... Aaron finns inte med i mitt framtida liv överhuvudtaget ..."

*****

I mellantiden hade personalavdelningen inte lyckats hitta någon ny passande position för Petrina. Inte heller var hon angelägen om att stagnera på sitt nuvarande arbete. Hon ville läsa vidare och var ivrig att komma till en ny arbetsplats som skulle ge henne möjlighet att studera på kvällarna.

Petrina sökte aktivt arbete i den privata sektorn. Slutligen, efter flera intervjuer, fick hon ett jobb med högre lön som läkarsekreterare på en gynekologisk avdelning på Orchard Road. Hennes sista arbetsdag var 14 februari 2011, och hon meddelade mig det med glädje.

"Varför blev det en gynekologisk avdelning?" frågade jag. Med hennes bakgrund med tre emotionellt svåra aborter, var jag orolig för risken att hennes negativa tankar skulle triggas igen.

"Oroa dig inte," svarade hon. "Jag är redo att möta och acceptera mitt förflutna; det är därför jag har valt att arbeta på en gynekologisk mottagning ... jag mediterar fortfarande varje dag. Så det finns ingen stress eller instabilitet alls."

Epilog

Tre månader har förflutit sedan Petrina klev ombord på sin omvandlande resa (Fig. 21). Hon lever nu om sitt liv som en annan människa, på ett annat sätt. Hon gör en massa roligt på kvällarna med sina vänner och brukar komma hem sent.

Fig. 21: Den omvandlande resan

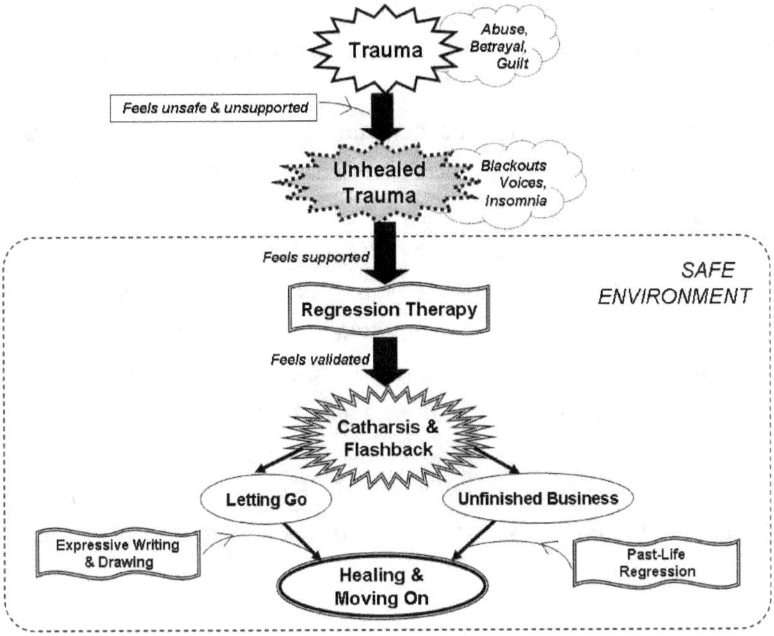

Hon trivs väldigt bra med sitt nya arbete som läkarsekreterare och är i harmoni med sig själv. Hennes överordnade på den nya arbetsplatsen är extremt vänlig och omtänksam mot sin personal och har avdelat henne till att hålla efter klinikens räkningar och ta hand om ekonomin. Hon kommer bra överens med sina två kollegor och njuter av en glad och trivsam arbetsplats.

Den dagen då hon uppmuntrar mig att skriva ner hennes berättelse om sjukdom och läkning känns fantastisk. Hon har funnit mening och mål med sitt liv. Hon har också avslutat sina ofullständiga mellanhavanden och lagt dem bakom sig. Men hon har inte glömt Fabian.

13 mars 2011 är Fabians 28e födelsedag men oturligt nog är han inte här för att fira den. Petrina känner sig väldigt ledsen den dagen. Från början hade de planerat en semester tillsammans. Hon skulle ha rest på en kort semestertripp med Fabian för att fira hans födelsedag och hon har inte glömt bort det. Den dagen känner hon sig väldigt upprörd. Det finns en överväldigande känsla av skuld för hennes del och hon har svårt att hitta sin inre frid.

Hon gråter högt hemma den dagen. Efter att ha släppt fram känslorna känns det bättre och hon dedicerar ett stycke till honom.

13th mars, Glad Födelsedag till min käre vän som gick bort förra året ... jag har massor att berätta ... Fabian. Glad Födelsedag! Tyvärr har jag inte lyckats återgälda mina tidigare felaktiga handlingar ... och mitt hjärta har värkt alltsedan dess ... För många olyckliga saker har hänt, inklusive det irreparabla misstaget jag gjorde. Jag önskar att du kan se min ånger uppe i din Himmel ... Hädanefter kommer jag att älska livet ännu mer så att jag inte gör dig besviken.

Med detta speciella meddelande satte hon punkt för de kvardröjande skuldkänslor som hade besvärat henne.

Appendix

När man läser historien om en patient med berg-och dalbane-emotioner och en myriad av störande medicinska symptom, finns det vanligtvis en tendens att bli uppslukad av detaljerna och tappa bort helhetsbilden.

Grafen nedan syftar till att pricka in de olika symptomen och händelserna på en enkel tidslinje för att visa Petrinas framsteg under den relativt korta period då hon undergick intensiv terapi. Att notera är den plötslighet med vilken hennes symptom upphörde. Det som blev kvar under hennes återhämtningsperiod, var de karmiska drömmarna. De är starka indikatorer av en förbindelse mellan hennes tidigare liv och problem i det nuvarande livet.

Fig. 22: Karta över framstegen

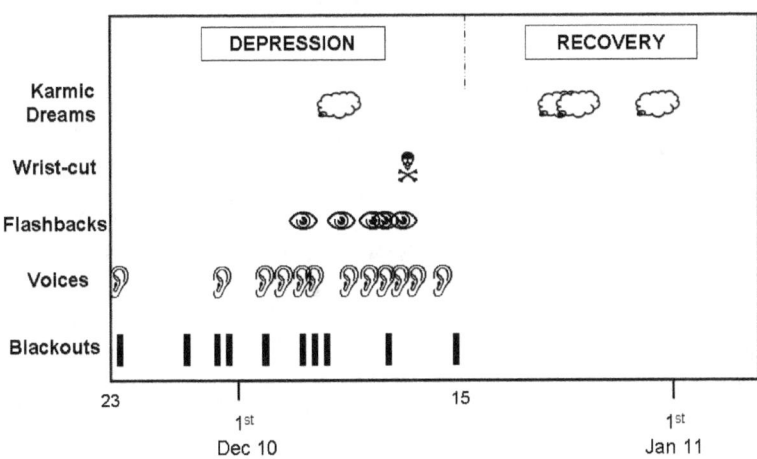

Ordlista

Affektövergång – används ofta i regressionsterapi. Tekniken utgör en övergång mellan affekter och används när terapeuten försöker hitta roten till patientens problem. När patienten beskriver sina problem som en emotion eller känsla, inducerar terapeuten patienten i trance och får patientens undermedvetna att gå tillbaks till den tidpunkt när emotionen först upplevdes. Detta leder till en regression tillbaks till den ursprungliga händelse som aktiverade problemet.

Amnesi –förlusten av en stor mängd interrelaterade minnen.

Clairvoyant – Termen kommer från franskan där *clair* betyder klar och *voyance* betyder syn. Ordet refererar till en person som har förmågan att se föremål eller händelser eller kan samla information bortom det naturliga seendets räckvidd.

Datortomografi – är en specialiserad avbildningsteknik som kan frambringa tvärsnittsbilder av hjärnan. Den använder tomografi som skapats genom dataprocesser. Datortomografi av hjärnan används oftast för att hitta tumörer, hjärninfarkter, blödningar och förkalkningar.

Delterapi – är en av de tekniker som används i hypnoterapin för att lösa konflikter. Den grundar sig på tanken att en individs personlighet är sammansatt av ett antal olika delpersonligheter, eller "delar". Dessa olika underkategorier av personligheten spelar olika roller i det inre sinnet. I ett djupt hypnotiskt tillstånd kan terapeuten tala till var och en av dessa "delar" och patienten kan lösa sin inre konflikt under uppvaknandet.

Demeter – är den grekiska skördegudinnan som härskade över årstiderna och övervakade äktenskapets okränkbarhet. Enligt sägnen blev hennes dotter bortförd av Hades, dödsrikets gud. Livet stannade upp medan den deprimerade Demeter vandrade genom världen och sökte efter sin försvunna dotter.

Diazepram – en korttidsverkande kraftfull medicin i benzodiazepine-klassen. Den används för att behandla måttlig till allvarlig ångest och panikattacker.

Dissociation – är en term som myntats av en neurolog, Pierre Janet, som var den första att formulera principerna för traumatiska minnen som den underliggande orsaken till dissociativa sjukdomar. Han beskrev amnesi som det viktigaste kännetecknet på dissociation och förklarade hur icke integrerade, emotionellt laddade traumatiska erfarenheter som ledde till dissociation kan påverka ens inre liv och relationer. Dessa minnen är vanligtvis tillgängliga under hypnos.

Divination – kommer från det latinska ordet *divinare,* som betyder "att förutse". Det är ett försök att komma åt dold kunskap eller få svar på en fråga genom en ritual.

EEG – är en förkortning för elektroencefalogram. Det är en karta över hjärnans spontana elektriska aktivitet som läses av genom att man sätter elektroder över skalpen.

Farmakoterapi – är behandlingen av sjukdom och rubbningar med hjälp av mediciner.

Flashback – är ett ofrivilligt återkommande minne i vilket en individ upplever en plötslig, kraftfull tidigare händelse. Det är vanligtvis en personlig erfarenhet som "poppar upp" i medvetandet utan något föregående försök att söka. Minnet är ofta traumatiskt.

Förnekelse – är en komplex försvarsmekanism som involverar individens icke-igenkännande av ett problem för att undvika att göras medveten om att en traumatisk erfarenhet faktiskt föreligger. När detta sammanfaller med rationella handlingar som syftar till att läka skadan, blir det en form av missanpassning.

Hjältens resa – Detta är ett arketypiskt begrepp som beskriver de prövningar och vedermödor en individ går igenom innan han kan skörda frukterna av sitt arbete. Begreppet är hämtat från jämförande mytologin i vilken "hjälten" i den vanliga världen påbörjar sin resa för att stiga in i en extraordinär värld fylld av egendomliga händelser efter att ha blivit kallad. Efter att ha anträtt resan klarar han utmaningar och löser svåra problem, ofta ensam. I berättelsens klimax överlever hjälten en svår prövning med hjälp han förtjänat tidigare under resan. Sedan får han en present som hjälper honom att upptäcka viktig kunskap om sig själv och förbättrar världen då han återkommer.

Hypnagog – Det hypnagoga tillståndet är en gränszon mellan vakenhet och sömn. En del personer upplever syn- och hörselhallucinationer.

Hypnos – är en samverkande interaktion i vilken patienten svarar på terapeutens suggestioner. Användningen förespråkades av Dr. Elliotson, som var den läkare som introducerade stetoskopet i England. Termen hypnos kommer från *neuro-hypnotism* (nervös sömn) och myntades av den skottske kirurgen James Braid ca. 1841. Braid trodde att hypnotisk suggestion var grunden för läkning. Under 1:a världskriget, med dess enorma mängder granatsplitterskador använde Ernst Simmel, en tysk psykoanalytiker, hypnos för att behandla krigsneuroser. Kombinationen hypnos och psykoanalys innebar att hypnos kom att spela en framträdande roll i behandlingen av krigströtthet under 2:a världskriget. Efter 2:a världskriget klargjorde Dr. Milton Erickson att hypnos i själva verket var ett tillstånd av fokuserad koncentration hos ett avslappnat sinne, som vi alla går in i spontant och frekvent.

Hörselhallucination – refererar till hörandet av röster som saknar fysisk källa. Ordet "hallucination" kommer från latin och betyder "att mentalt vandra iväg". Fastän symptomen vanligen associeras med schizofreni och bipolära sjukdomar, anses det för närvarande att den fysiologiska basen beror på en oförmåga att aktivera de delar av hjärnan som är associerade med avlyssnandet av inre tal. Mekanismen är en sammanblandning mellan "hört" tal och "inre" tal. När skillnaden mellan tal och perception av tal bryter samman, verkar personens egna inre röster främmande. Yttranden tycks vara en främmande röst eller en röst som talar igenom talaren.

Inre barnet – är ett begrepp i analytisk psykologi som refererar till den barnliknande aspekten av en persons inre psyke. Det är den del av oss som är levande, energisk, kreativ och fullkomlig. Den kan också ses som en delpersonlighet. Ofta avses med termen de emotionella minnen och erfarenheter som finns lagrade i det undermedvetna och som vänder sig till personliga barndomserfarenheter.

Inre ögat – refererar till den naturliga mänskliga förmågan att uppleva visuella fantasier. Medicinskt vet man genom fMRI-studier att den laterala knäkroppen och visuella cortex aktiveras hos en person som ges mentala bilduppgifter.

Insomnia – refererar till sömnlöshet.

Karma – betyder "handling" eller "verk" och används särskilt för de handlingar som är sprungna ur avsikten hos någon som inte är upplyst. Karma är lagen om moralisk kausalitet. Den förklarar orsaken till de ojämlikheter som finns i människosläktet. Ojämlikheten tillskrivs inte bara arv och miljö utan är också resultatet av våra egna tidigare handlingar och nuvarande göranden. Den påminner oss om att vi själva bär ansvar för vår egen lycka och misär.

Katalepsi – betyder styrka, rigiditet och orörlighet. Det refererar till kroppens, eller specifik kroppsdel som en arm eller ben, successiva orörlighet, vilket kan induceras genom hypnos. Det är utmärkande för trancetillståndet.

Katharsis – är en term som ofta används inom psykoterapin för att indikera ett tillstånd av extremt emotionellt frisläppande. Ordet är ursprungligen grekiska och betyder "utrensning" eller "renande". Aristoteles använde termen för att beskriva de emotioner som upplevdes av karaktärerna i ett teaterstycke eller kommer över publiken som åser en tragedi. Den sortens renande upplevelse troddes ha en korrigerande eller läkande effekt. I hypnos och regression brukar termen användas för att beskriva upplevandet av de djupa emotioner som är förknippade med patientens förflutna som inte har klarats upp.

Kemoterapi – refererar till användningen av mediciner för behandling av cancer..

Lot – refererar till en uppsättning spåstickor av bambu som kastas från en låda för att få svaret på en fråga med slumpens hjälp. Den bambusticka som har motsvarande LOT nummer indikerar svaret på frågan.

Maslows behovsstege – är en motivationsmodell som utvecklades av Abraham Maslow på 50-talet. Vi drivs alla av våra behov och Maslow förklarar hur dessa behov motiverar oss. Han argumenterade för att bara när de grundläggande behoven av fysisk och emotionell välfärd är tillfredsställda bryr vi oss om de högre behoven av inflytande och personlig utveckling.

Meditation – refererar till en vana där en individ självinducerar ett medvetandetillstånd i syfte att uppnå inre frid och lugn. Ordet *meditate* kommer ur den latinska stammen *meditatum*, som betyder att grunna på. I det meditativa tillståndet uttrycker individen avslappning, koncentration och ett förändrat medvetandetillstånd. Det svarar mot alfatillståndet i EEG-mätningar.

Nordazepam – se **Diazepram**

Psykoterapi – är behandlingen av psykologiska svårigheter med hjälp av en rad olika psykologiska tekniker så som psykoanalys, gruppterapi eller beteendeterapi.

Regression – ordet betyder att gå tillbaka till ett tidigare eller mindre framskridet tillstånd. I den psykoanalytiska kontexten refererar det till en återgång till ett kronologiskt tidigare tillstånd eller mindre adapterat beteendemönster. Regressionsterapi är en healingteknik som grundar sig i premissen att allting som individen har upplevt innehåller en viss mängd emotion som blir kvar i personens undermedvetna.

Reiki – ordet består av två japanska ord: "Rei" som betyder högre visdom och "Ki" som är livskraftsenergi. Det är en healingteknik som ges genom handpåläggning för att aktivera de naturliga läkningsprocesserna i patientens kropp. Den baserar sig på tanken att Universums osynliga livskraft flödar genom healerns kronchakra och leds över till patienten. Det är en urgammal tibetansk-buddhistisk teknik som återupptäcktes av Dr. Mikao Usui 1922 som omformade den för att sprida den vidare.

Somnambulism – är ett djupt hypnotiskt tillstånd i vilket en patient har fullständig tillgång till sina sinnen men inte minns något efteråt.

Terapi – kommer från grekiskans *therapeia*, som betyder läkning. I medicinska sammanhang refererar det till behandlingen av sjukdom. När termen används utan bestämning är den oftast synonym med psykoterapi.

Tidigare liv-dröm – är oftast mycket livlig till sin natur. Till skillnad från vanliga drömmar har tidigare liv-drömmar många historiska detaljer och kan verka som återkommande mardrömmar där den drömmande individen inte förmår ändra händelsernas gång oavsett hur mycket han försöker. Dessa drömmar förklarar ofta underliga vanor och ovanliga beteenden och visar var en individs emotionella och andliga svårigheter har sitt ursprung.

Tidigare liv-regression – är en teknik som används för att återhämta minnen från tidigare liv som görs i en psykoterapeutisk miljö. Patienten besvarar frågor i trancen för att klargöra sin identitet och händelserna i det tidigare livet. Återupplevandet av ett tidigare liv och omformandet av upplevelserna i det tidigare livet hjälper ofta läkningsprocessen.

Tinnitus – är uppfattat ljud i örat trots frånvaron av yttre ljud. Symptomet beskrivs ofta av patienten som ett "ringande ljud".

Vasovagal svimning – är en typ av svimning som orsakas via vagusnerven. Det är antingen (i) att hjärtfrekvensen faller vilket leder till minskad hjärtverksamhet, eller (ii) perifer vasusdilatation (utvidgning av blodkärlen) som åtföljs av ett blodtrycksfall som leder till svimning.

Vidare läsning

Churchill, R., *Regression Hypnotherapy – Transcripts of Transformation,* **Transforming Press, 2002.** Boken innehåller undervisningsmaterial och fullständiga transkriptioner av nuvarande liv-regressioner för ett flertal tillstånd inklusive fobier, sorg, brist på självförtroende, självsabotage, ohälsosamma relationer, misshandel och rädsla för att bli övergiven. Det är en utmärkt guide för nybörjare men också användbar för erfarna terapeuter.

Engel, B., *The Emotionally Abused Woman – Overcoming Destructive Patterns and Reclaiming Yourself,* **Fawcett Books, 1992.** En underbar bok skriven av en psykoterapeut som med utgångspunkt från sina egna emotionella ärr har skrivit om hur man ska förstå destruktiva mönster hos den som misshandlar emotionellt såväl som den som är emotionellt misshandlad och hur man ska bryta den onda cirkeln för att läka.

Gordon, J.S., *Unstuck – Your Guide to the Seven-Stage Journey out of Depression,* **Penguin Books, 2008.** En internationellt erkänd psykiater och pionjär i integrativ medicin utvecklar sin syn på användningen av droger i modern biologisk psykiatri och hur han använder en alternativ metod att hjälpa sina patienter ur depression med icke-farmakologiska tillvägagångssätt.

LaBay, M.L., *Past Life Regression – A Guide for Practitioners,* **Trafford Publishing, 2004.** En underhållande bok om utövandet av tidigare liv-terapi med berättelser om författarens personliga och professionella erfarenheter. Författaren blandar hypnoterapeutiska tekniker med filosofi, intuition och tidigare liv för åstadkomma växande och transformation i sina patienter.

Lucas, W.B., *Regression Therapy – A Handbook for Professionals*. Vols. I & II, Book Solid Press, 1992. De två böckerna är klassiker. Det är ett verk om regressionsterapi av flera författare sammanställt av en professionell psykolog och Jungiansk analytiker. Volym I fokuserar på tidigare liv-terapi medan Volym II berör prenatala och födelseupplevelser, barndomstrauman och död.

Schwartz, R., *Your Soul's Plan*, Frog Books, 2007. En utmärkt djuplodande undersökning av varför vi inkarnerar, hur vi väljer våra föräldrar och våra livslärdomar med utgång från tio fängslande fallstudier.

Ten Dam, H., *Deep Healing*, Tasso, 1996. Regressionsterapitekniker som Hans, en av pionjärerna inom regressionsterapin, använder. Hans har utbildat studenter i Holland, Brasilien och internationellt i över 20 år.

Tomlinson, A., *Healing the Eternal Soul*, From the Heart Press, 2012. Detta är ett referensverk inom området regressionsterapi. Andy delar med sig av sina värdefulla erfarenheter in i detalj och använder konkreta fallstudier för att illustrera synpunkter och tekniker. Boken är ett måste för alla utövare av regressionsterapi och fångar varje intresserad läsare.

Tomlinson, A., *Exploring the Eternal Soul*, From the Heart Press, 2012. Andy låter läsaren följa med bortom dödsögonblicket och ger en bred och omfattande förklaring till Livet-mellan-liven-regressionsterapi. Strukturen gör det enkelt att förstå vad det är som händer. Boken rekommenderas varmt för att få ökad förståelse för våra livsval, och också för läsare som är nyfikna på vad som finns bortom döden.

Tomlinson, A. (ed), *Transforming the Eternal Soul*, From the Heart Press, 2011. Uppföljaren till *Healing the Eternal Soul*, och fullspäckad med klargörande fallstudier och specialiserade regressionsterapeutiska tekniker. Kapitlen innehåller: ge klienten egen kraft; att arbeta med svåra klienter; andlig inre barnetregression; att rensa mörk energi; kristallterapi i regression; och att integrera terapin i klientens nuvarande liv.

Whitfield, C.L., *Memory and Abuse – Remembering and Healing the Effects of Trauma*, Health Communications Inc., 1995. Författaren är en välkänd psykoterapeut och pionjär i att hjälpa människor i nöd ur familjevåld och trauma. Han delar med sig av sin kunskap och erfarenhet till dem i den hjälpande professionen som vill hjälpa sina patienter att läka.

Whitfield, C.L., *Healing the Child Within*, Health Communications Inc., 2006. Detta är en av de första böckerna som utforskar och definierar begreppet och principerna som ligger till grund för inre barnet-behandling baserat på författarens observationer av den läkande processen hos de av hans patienter som blev traumatiserade som barn.

Woolger, R.J., *Other Lives, Other Selves – A Jungian Psychotherapist Discovers Past Lives*, Bantam Books, 1988. En fascinerande bok som presenterar ursprungliga insikter i det framväxande inkarnationspsykologin. Boken hämtar från västerländsk vetenskap och österländsk andlighet och förklarar hur tidigare liv kan forma basen för förändring och läkning i våra liv.

Woolger, R.J., *Healing Your Past Lives*, Sounds True Inc., 2004. Denna korta bok består av en serie intressanta fallstudier som illustrerar kraften i att upptäcka tidigare liv i läkningsprocessen. Den ger inblick i hur symptom i det nuvarande livet kan relatera till tidigare livs dramer och frusna minnen. Den ger också läsaren nyckeln till de mysterier och frågor han eller hon kämpar med i sitt nuvarande liv.

Worthington Jr., E.L., *Forgiving and Reconciling – Bridges to Wholeness and Hope*, **InterVarsity Press, 2003.** En psykolog och samtalsterapeut har skrivit en underbar bok om förlåtelse och de praktiska stegen mot både förlåtelse och försoning. Bokens visdom kommer både från vetenskaplig forskning och upplevelsen av mordet på författarens egen mor

Regressionsterapisammanslutningar

International Board of Regression Therapy (IBRT) – Detta är en oberoende examinerande och certifierande organisation för tidigare liv-terapeuter, forskare och utbildningsprogram. Syftet är att dra upp riktlinjer för professionell standard för regressionsterapeuter och organisationer. På webbsidan finns en lista på internationellt ackrediterade organisationer för tidigare liv-utbildningar.
Webb: http://www.ibrt.org

Spiritual Regression Therapy Association (SRTA) – Detta är en internationell sammanslutning för regressionsterapeuter som utgår från klienters andliga natur. Den etablerades av Andy Tomlinson, och terapeuterna är professionellt utbildade av *Past Life Regression Academy* för att uppnå internationell standard och arbeta i enlighet med etiska riktlinjer som syftar till klientens bästa.
Webb: http://www.spiritual-regression-therapy-association.com

European Association of Regression Therapy (EARTh) – Detta är en oberoende global sammanslutning med målet att skapa och vidmakthålla en internationell standard i regressionsterapi och förbättra och utöka den professionella acceptansen. Varje sommar erbjuds en serie workshops för fortlöpande professionell utveckling. Webbsidan har en lista på internationellt ackrediterade organisationer för utbildning i regressionsterapi.
Webb: http://www.earth-association.org

Om författaren

Dr. Peter Mack fick sin medicinska grundutbildning vid Singapores Universitet och specialiserade sig sedan inom allmän kirurgi. Han erhöll medlemskap i The Royal College of Surgeons of Edinburgh och The College of Physicians and Surgeons of Glasgow, Storbritannien. Han arbetar vid Singapore General Hospital och har ett flertal övriga akademiska titlar. Han har en PhD i medicinsk vetenskap från Lunds Universitet, Sverige, och tre andra mastersexamina i affärsadministration, hälsoekonomi och medicinsk utbildning. Under åren som läkare har han utvecklat ett specialintresse för hypnoterapi och är certifierad av The National Guild of Hypnotists (NGH), International Medical and Dental Hypnotherapy Association (IMDHA) samt The International Association of Counselors and Therapists (IACT). Han innehar dessutom ett Diplom i Regression Therapy från The Past Life Regression Academy (PLRA).

För kontakt, email: dr02162h@yahoo.com.sg

www.ingramcontent.com/pod-product-compliance
Lightning Source LLC
Chambersburg PA
CBHW072000290426
44109CB00018B/2086